Qu'est-ce que le droit ?

Dans la même collection :

Qu'est-ce que la politique ?
Bodin, Rousseau & Aron
par Simone Goyard-Fabre

Qu'est-ce que penser/calculer
Hobbes, Leibniz & Boole
par Daniel Parrochia

Qu'est-ce que la philosophie ?
Kant & Fichte
par Alexis Philonenko

Qu'est-ce que la royauté ?
Joseph de Maistre
par Jean-Yves Pranchère

Pré-textes

Collection animée par
François Dagognet
et Alexis Philonenko

Qu'est-ce que le droit ?
Aristote, Wolff & Fichte

par

Alain Renaut

Professeur à l'Université de Caen

Paris
Librairie Philosophique J. Vrin
6, Place de la Sorbonne, 75005   1992

© *Librairie Philosophique J. VRIN*, 1992
Printed in France
ISBN 2-7116-1107-8

Introduction

Qu'est-ce que le droit?

Sans doute est-il bien des manières de s'interroger sur le droit, et celui-ci, fort heureusement, n'attend pas le philosophe pour offrir matière à réflexion. Ainsi l'historien ne saurait-il se borner à reconstituer le système juridique d'une époque donnée, ou même à en dégager la genèse : s'il n'entend pas seulement *expliquer* une législation comme, par exemple, le droit romain, mais aussi la *comprendre* (ce qui veut dire, non plus simplement chercher ses causes, mais cerner sa signification), force lui est d'en interroger l'esprit (au sens où Montesquieu parlait de l'«esprit des lois»).

De même, et plus spectaculairement peut-être, l'exigence de réfléchir le droit s'affirme-t-elle dès que nous abordons le registre politique. Car, à l'évidence, le politique est supposé s'orienter doublement par référence au droit : d'une part, il lui faut, du moins en principe, prendre ses décisions en fonction du droit existant (qu'il ne doit pas transgresser) ; mais de telles décisions doivent aussi, d'autre part, procéder d'une certaine idée du droit (ou du «juste») que son action entend incarner dans le réel. Bref, dès le registre politique, le droit se dédouble en faisant surgir, d'un côté, la figure de la *loi* et, de l'autre, celle du *juste*. Dédoublement redoutable, tant il est vrai qu'il implique la possibilité paradoxale qu'il y ait des lois injustes, autrement dit : du droit qui ne soit point conforme au droit. Au demeurant est-ce dans l'espace même d'un tel dédoublement que vient s'inscrire l'expérience la plus significative que, simples citoyens, nous faisons tous du droit – disons : l'*experimentum crucis* du droit – lorsque nous mettons en cause le droit incarné ou déposé dans une législation (ce que, traditionnellement, l'on nomme le droit positif) au nom d'une exigence de justice qui nous paraît constitutive d'un droit susceptible d'être opposé au fait.

Chacun le perçoit sans peine : ce dédoublement du droit (la législation, le juste) offre par lui-même matière à de multiples réflexions, au point que se demander ce qu'est le droit pourrait bien équivaloir, du moins pour une large part, à prendre position sur les relations concevables entre la législation et le juste. Rien d'étonnant dans ces conditions si la philosophie, qui, depuis Socrate, a revendiqué comme sa démarche propre l'interrogation en termes d'essence (qu'est-ce que x en tant que tel ?), n'a cessé, lorsqu'elle a interrogé le droit sur ce mode, de concentrer son attention sur l'articulation du juste et de la législa lation : lieu commun de la philosophie du droit depuis les Grecs, la distinction du droit positif et du droit naturel, le premier renvoyant aux lois et le second à ce qui, par nature (et non pas : historiquement ou culturellement), définit le juste, a constitué la réponse traditionnelle de la réflexion au dédoublement constitutif de l'objet «droit». Au point que, chez les Modernes, de Grotius (1583-1645) et Pufendorf (1632-1694) jusqu'à la fin du XVIIIe siècle, la philosophie du droit s'est identifiée pour l'essentiel à un jusnaturalisme sur les principes duquel on reviendra ci-dessous, mais dont, à bien des égards, la Déclaration des droits de l'homme et du citoyen (26 août 1789) constitue, comme en témoigne son ouverture, le plus éclatant témoignage :

«Les représentants du peuple français, constitués en Assemblée nationale, considérant que l'ignorance, l'oubli ou le mépris des droits de l'homme sont les seules causes des malheurs publics et de la corruption des gouvernements, ont résolu d'exposer, dans une déclaration solennelle, les droits naturels, inaliénables et sacrés de l'homme...»

Et les rédacteurs de la Déclaration prenaient soin de préciser tout aussitôt que ces «droits naturels» énumérés à travers 17 articles devaient servir à la fois à orienter «les actes du pouvoir» en rendant possible leur comparaison «avec le but

de toute institution politique », et à éclairer les
« réclamations des citoyens » en leur permettant
de se fonder « sur des principes simples et incontestables » : on ne pouvait présenter plus
nettement la Déclaration comme une réponse à la
question du droit comprise à la lumière de la
distinction entre législation et justice.

D'une certaine manière, la tradition philosophique du jusnaturalisme trouvait ici son point
d'orgue. Depuis lors, bien des déplacements se
sont opérés qui sont venus rendre singulièrement
problématique la tentative, non pas même de
résoudre, mais simplement de poser, à la manière
des philosophes (= en termes d'essence), la question : qu'est-ce que le droit ? Deux indices nous
sont fournis aujourd'hui par les juristes et par les
philosophes :

— Du côté des juristes, l'interrogation philosophique sur le droit, qu'ils avaient fort longtemps
tenue pour partie intégrante de leur activité (du
moins dans les universités allemandes, où, au
XVIIIe siècle, ils assuraient souvent l'ensei-
gnement relevant des chaires de droit naturel),
s'est trouvée à notre époque expulsée du champ
juridique : se scindant d'une philosophie du droit
identifiée à l'interrogation sur le droit naturel,
une « théorie du droit » s'est substituée à elle dans
les Facultés de droit, en prenant pour objet les
problèmes généraux du droit, abstraction faite

d'une quelconque référence à une idée du juste. L'inspiration majeure qui présida à une telle rupture s'est trouvée dans la *Théorie pure du droit* publiée en 1934 par le juriste autrichien H. Kelsen : prenant le relai d'une « philosophie du droit » trop aisément convaincue de « pouvoir déterminer le droit juste et par là même un étalon de la valeur du droit positif », la « théorie du droit » entend délaisser le « problème du droit juste », ou « problème de la justice », qui ne pourrait donner lieu, comme toutes les questions portant sur les valeurs, qu'à des prises de position subjectives ; en conséquence, pour que la réflexion sur le droit puisse accéder au « point de vue scientifique », il lui faudrait se borner à prendre pour objet « le droit tel qu'il est en fait », donc le droit positif, national ou international, pour en analyser la structure et dégager les notions générales nécessaires à sa connaissance (H. Kelsen, *Théorie pure du droit*, tr. par Ch. Eisenmann, Dalloz, 1962, Préface de 1960, p. XIV). Du jusnaturalisme au positivisme juridique issu de Kelsen et aujourd'hui très largement dominant chez les juristes, l'interrogation sur le droit subissait ainsi une singulière restriction : non seulement devait s'ensuivre, entre philosophes et juristes, une brouille aussi dommageable à la réflexion que celle qu'évoque Platon, dans la *République*, entre philosophie et poésie ; mais si l'on admet qu'il n'est pas d'expérience authentiquement juridique qui soit concevable sans la distinction entre la loi et le juste, c'était ainsi la possibilité de développer dans toute sa complexité le concept même du droit qu'hypothéquait, gravement, le positivisme juridique.

— Etrangement, du côté de la philosophie contemporaine, tout s'est passé bien souvent (et, à mon sens, trop souvent) comme si l'on ne voulait pas être en reste et comme si l'on souhaitait, pour résister au discrédit proclamé par les juristes, surenchérir sur les interdits positivistes. On ne saurait ignorer en effet comment divers courants de pensée, faisant souvent profession d'un nietzschéisme radical, ont cultivé sans nuance le thème de l'historicisation de toutes les catégories de pensée. L'œuvre de M.Foucault symbolise au mieux cette dissolution de l'universel : si, à chaque époque, correspond une *épistémé*, un « a priori historique », constitué par la manière dont l'homme conçoit alors « le mode d'être des objets » et définit « les conditions dans lesquelles il peut tenir sur les choses un discours reconnu pour vrai » (M. Foucault, Préface à la trad. anglaise de *Les Mots et les Choses*), il ne saurait exister de catégories méta-historiques ; dès lors, c'est dans son intégralité que le discours juridique, même quand il paraît s'élever au-delà de l'expérience juridique positive (par exemple pour viser des valeurs à prétention universelle comme celles des droits de l'homme), reste solidaire « des systèmes juridiques positifs, qui sont eux-mêmes réfléchis au sein d'expériences juridiques, tout aussi positives » (F. Ewald, *L'Etat providence*, Grasset, 1986, p. 30). Bref, l'historicisme philosophique est venu renforcer le positivisme juridique pour, concevant qu'« aucun principe juridique ne peut plus se penser à l'universel » (*ibid.*, p. 41), défendre une totale relativisation du droit à l'égard du fait. Bien plus apparaît-il conséquent, dans cette perspective, de considérer que la question philosophique elle-même : qu'est-ce que le droit ?, est en réalité vide de sens : car, si tout est historique, donc discontinu, *le* droit n'est qu'un universel abstrait, ou, si l'on préfère, une de ces idoles dont Nietzsche nous a appris combien, soumises à l'épreuve du marteau, elles sonnent creux. Dit autrement : « le droit n'existe pas », et en réalité « ce qu'on appelle *droit* est une catégorie de la pensée qui ne désigne aucune essence, mais sert à qualifier certaines pratiques » qui « peuvent être très différentes les unes des autres » « sans qu'il y ait à supposer nulle part la permanence d'une essence » (F. Ewald, *ibid.*, p. 30). Bref, il n'y a que *des* droits, visages successifs de la pratique juridique telle qu'à chaque époque, elle serait inséparable de l'*épistémè* du temps. Au demeurant M. Foucault lui-même, après avoir, dans l'*Archéologie du savoir*, souligné, sur les exemples de la biologie, de l'économie ou de la linguistique, l'hétérogénéité totale qui existerait entre les *épistémés* historiquement successives d'un même champ de connaissances, a-t-il esquissé, dans ses derniers travaux, ce que pourrait accomplir une démarche analogue dans le domaine juridico-politique : ainsi « le principe que le droit doit être la forme même du pouvoir et que le pouvoir devrait s'exercer dans la forme même du droit », en tant que pouvoir de « dire le droit », lui est-il apparu comme correspondant à une phase très précise de l'histoire du pouvoir, à savoir celle de la naissance médiévale de la monarchie (contrainte, pour s'imposer aux divers pouvoirs féodaux, de s'affirmer comme le lieu exclusif du droit) ; en revanche, rien n'exclut, suggérait encore Foucault, que cette forme « bien particulière » du pouvoir (comme « système du droit ») n'en fût aussi une forme « transitoire », préparant son propre dépassement vers un « type de sociétés où le juridique peut de moins en moins coder le pouvoir ou lui servir de représentation », mais vient s'inscrire tout autrement dans le fonctionnement d'un pouvoir conçu désormais en termes de normalisation et de contrôle social (M. Foucault, *La Volonté de savoir*, Gallimard, 1976, p. 116 sqq.).

Nous n'avons pas à examiner ici, quant à son contenu, cette tentative pour faire éclater l'histoire du droit en *des* histoires fragmentées. Il suffira à notre propos de souligner qu'en résultent deux déterminations qui, pour l'historicisme contemporain, paraissent devoir être constitutives de toute réflexion sur le droit :

— d'une part, le *nominalisme*, puisque le droit comme tel est alors seulement un mot, renvoyant à des expériences juridiques qui seraient incommensurables ;

— d'autre part, un *positivisme* encore plus radical que dans l'héritage kelsénien : s'il n'y a pas d'essence du juste, la théorie du droit ne saurait avoir d'autre objet, comme chez Kelsen, que les systèmes juridiques dans leur existence positive ; mais si l'histoire où s'inscrit cette existence positive est discontinuité radicale, on ne saurait même songer à mener à bien, comme entendait le faire la *Théorie pure du droit* (tr. citée, p. 1), une description du «droit positif en général».

Convenons que, dans un tel contexte, la philosophie juridique apparaît surtout comme une *antiphilosophie du droit*, pour laquelle la manière de problématiser les faits juridiques qui s'exprime dans cette question : qu'est-ce que le droit ?, relèverait tout au plus d'une *épistémè* aussi dépassée que peut l'être l'âge métaphysique dont elle serait solidaire.

Les questions, dit-on, ne sont posées que pour recevoir une réponse. Il n'en demeure pas moins qu'une réponse précipitée peut aussi être ridicule, si, au-delà de son apparente simplicité, la question posée doit préalablement être elle-même questionnée sur sa recevabilité. Faut-il en effet, dans ces conditions, braver tant d'interdits, prononcés aussi bien par les juristes que par certains philosophes, et réassumer vis-à-vis du champ juridique la formulation incriminée : qu'est-ce que le droit ? Disons-le tout net : il me semble que oui, et que, *sous certaines conditions qu'il faut indiquer*, non seulement cette question philosophique est légitime vis-à-vis du droit, mais que cette question posée sur le droit, loin d'être philosophiquement une question parmi d'autres, équivaut à la question même de la philosophie.

I. *Une question légitime*

Le projet antiphilosophique de réduire l'interrogation sur le droit à une enquête sur les systèmes juridiques positifs se heurte en fait à de sérieuses objections. Puissant chez les juristes, le courant kelsénien, opposant théorie générale du droit à philosophie du droit, a voulu écarter toute discussion sur le juste comme vaine : or, si la science du droit se réduit à une analyse des conditions de fonctionnement d'un droit positif donné comme un fait, elle ne doit véhiculer en elle aucune de ces représentations du juste et de l'injuste en vertu desquelles un système juridique, au-delà de l'appréhension de sa logique interne, pourrait être soumis à une véritable évaluation. A preuve, comme l'avait fortement souligné L. Strauss (*Droit naturel et histoire*, tr. Plon, 1954, p. 16, note 2), l'incapacité, dans une telle perspective, d'en appeler au droit contre le fait despotique, voire totalitaire : certes, la construction kelsénienne fait bien appel à la catégorie du *Sollen*, qui, traditionnellement, désigne ce qui doit être, et non ce qui est ; mais le *Sollen* ne correspond aucunement, pour le positivisme, à une idée transcendante du droit, fonctionnant, avec quelque statut que ce soit, comme un absolu : le *Sollen* (la norme en vertu de laquelle un acte, dans un système juridique donné, est jugé légal ou délictueux) constitue seulement ici une notion formelle servant à exprimer la logique interne d'un système juridique, et dans ces conditions, elle peut servir tout autant – Kelsen en convenait lui-même (*Théorie pure du droit*, p. 59) – à exprimer la logique interne de l'ordre juridique de l'Union soviétique ou de l'Italie fasciste que celui d'une démocratie. Percevons bien, au-delà même de ses inconvénients politiques, ce qu'implique *pour le droit* une telle exténuation de toute interrogation sur le juste : se privant ainsi de toute possibilité d'affronter le paradoxe constitué par l'existence de lois injustes, le positivisme risque purement et simplement, en estompant l'extériorité du droit par rapport au fait, d'en dissoudre la teneur propre, et, niant le droit, de constituer, certes malgré lui, l'analogue théorique de cette monstrueuse négation pratique du droit que fut, à l'époque même où Kelsen rédigeait son ouvrage majeur, le système totalitaire.

J'ajoute que, s'il n'est pas d'expérience juridique qui se puisse concevoir (et qui puisse avoir un sens) sans la perspective d'un appel au droit contre le fait (ou, du moins, d'une évaluation du fait par rapport au droit), le refus d'interroger le juste dans ses relations à la législation ampute gravement le droit d'une partie au moins de ce qui, au-delà de la diversité historique de ses visages, permet de repérer entre eux une continuité, – à savoir précisément sa dimension *critique*. L'historicisme a alors beau jeu de proclamer que *le* droit n'existe pas et que la question : qu'est-ce que le droit ?, naïvement essentialiste, est aujourd'hui périmée.

Si l'on refuse au contraire d'amputer le droit de cette dimension d'irréductibilité au fait qui est comprise en lui et fonde sa capacité critique, il en résulte d'emblée une demande dont on voit mal pourquoi elle ne pourrait pas être légitimement adressée à la philosophie : comment penser cette fonction critique et quelles en sont les conditions de possibilité ? Bref, que faut-il supposer, à l'égard du droit et de sa relation au fait, donc quant au mode d'être du droit (pour ainsi dire : quant à son statut ontologique), pour qu'il puisse effectivement remplir une telle fonction ?

En principe atemporelle (puisque liée intrinsèquement à l'idée même du droit), une telle demande – reformulant en des termes précisés la question : qu'est-ce que le droit ? – s'impose aujourd'hui avec d'autant plus d'évidence que sans doute ne fut-il jamais plus difficile de répondre à ces questions que dans un contexte intellectuel (celui du positivisme juridique et de l'historicisme philosophique) où le droit se trouve particulièrement menacé de ne pouvoir réfléchir sa fonction critique et de ne plus apercevoir les moyens de la préserver. C'est en ce sens que me semble devoir s'inscrire au cœur de notre expérience juridique, avec une acuité singulière, la nécessité d'une interrogation sur les conditions intellectuelles de possibilité – ou, si l'on me permet ce barbarisme, de « pensabilité » – d'un droit irréductible au fait, c'est-à-dire d'un droit conforme à ce qu'il faut bien persister à appeler son essence, s'il est vrai qu'il n'est de droit susceptible d'être pensé en tant que tel qu'à travers son opposition au fait. Encore faudrait-il indiquer toutefois en quoi cette exigence, surgie des profondes carences inhérentes aux théorisations contemporaines du droit, prendrait la forme d'une demande dont la philosophie serait le destinataire électif : pourquoi identifier ce besoin à un « besoin de philosophie » ? Plus précisément : en quel sens de la philosophie cette demande s'adresse-t-elle à elle ? Ou encore : que doit-il en être de la philosophie pour qu'une philosophie du droit s'entende au sens d'une recherche des conditions de possibilité (pensabilité) du juridique comme tel ?

Il est clair qu'ainsi entendue, la philosophie du droit est philosophique en un sens très spécifique de la philosophie, ou plutôt que le remplissement d'un tel programme revient à une philosophie dont la démarche propre ne trouve plus son expression la plus adéquate dans l'interrogation socratique, de facture ontologique : qu'*est*-ce que ... ? La reformulation de l'interrogation dans les termes qui viennent d'être proposés fait visiblement sienne la démarche transcendantale de la philosophie critique, telle que, délaissant les voies orgueilleuses de l'ontologie, elle invite plutôt la pensée à réfléchir ses conditions internes de fonctionnement. Démarche critique qui soumet jugements et concepts à un traitement décrit par Kant, dans la *Critique de la faculté de juger*, avec une précision qui restera inégalée :

« Nous procédons avec un concept de façon simplement critique, lorsque, sans entreprendre de décider quelque chose sur son objet, nous le considérons seulement en relation à notre faculté de connaître, et par conséquent aux conditions subjectives nécessaires pour le penser» (*Critique de la faculté de juger*, tr. par A. Philonenko, Vrin, 1965, p. 211).

Comprise de façon «critique», la démarche de la philosophie (donc aussi celle de la philosophie du droit) est ainsi celle qui recherche ce qu'un concept présuppose de notre part pour pouvoir être pensé selon le sens qui est le sien. Appliquée au droit, une telle investigation ferait de la philosophie (critique) du droit cette discipline qui, laissant les diverses sciences juridiques travailler sur l'objet du concept de droit (par exemple sur son application à tel ou tel champ de l'activité sociale, sous la forme d'un droit international, commercial, pénal, etc.), interrogerait le concept même de droit en direction des conditions sans lesquelles il ne saurait être pensé dans sa distinction constitutive d'avec le fait.

On trouvera peut-être restrictives cette présentation de la philosophie du droit et cette reformulation critique de la question: qu'est-ce que le droit? Il me semble pourtant que cette restriction est la condition d'une délimitation des compétences qui soit acceptable par les juristes comme par les philosophes: sur l'objet du concept de droit, le philosophe, revenu des illusions du savoir absolu, n'a pas plus de légitimité à s'exprimer que sur l'objet des sciences de la nature ; en revanche, l'interrogation sur les réquisits d'un concept comme celui du droit relève de sa tâche propre, redéfinie à la manière dont, après Kant, le proposait Fichte, en voyant dans la capacité de réfléchir sa réflexion la marque même du philosophe. Au demeurant faut-il ajouter qu'à réfléchir également avec rigueur le sens de sa réflexion sur le droit, le philosophe risque fort de s'apercevoir que, loin de l'écarter, au profit de considérations marginales ou périphériques, des problématiques philosophiquement les plus centrales, la philosophie du droit le conduit directement au cœur de la rationalité philosophique.

II. *La question du droit comme question de la philosophie*

D'une certaine façon, peut-être est-ce avant tout comme philosophie du droit, au sens qui vient d'être défini, que la philosophie peut en effet se donner les moyens d'accomplir sa vocation. Proposition sans doute déconcertante, paradoxale même en raison du statut traditionnellement subalterne de la philosophie du droit, mais qui se laisse justifier aussi bien au regard de l'état actuel de la problématique philosophique que du point de vue de la logique interne du questionnement philosophique.

1. Comment prétendre qu'une articulation étroite relie la philosophie critique du droit et ce qui définit aujourd'hui l'axe majeur de la réflexion philosophique ? On en aura quelque idée en observant qu'une telle philosophie du droit gagnerait en efficacité si elle incluait en elle une démarche négative, sous la forme d'une réflexion sur les conditions d'impossibilité du droit : j'entends par là les configurations intellectuelles dans le cadre desquelles le concept de droit perd son sens et qui constituent donc, au moins virtuellement, des négations du droit.

Depuis L. Strauss, je l'ai rappelé, nous sommes accoutumés à repérer deux négations majeures, que nous avons rencontrées ici même : à savoir l'historicisme (l'historicisation de l'universel, donc la réduction du droit à l'histoire) et le positivisme (le refus de considérer la position d'une norme méta-positive du droit autrement que comme une décision arbitraire, donc la réduction du juridique au seul champ du droit positif). La démarche d'une philosophie du droit s'interrogeant sur les conditions de possibilité du juridique supposerait dès lors, pour déterminer les conditions d'un évitement de ces deux négations du droit, la mise au jour des configurations intellectuelles dont elles procèdent, l'élucidation de leur provenance, des formes diverses qu'elles ont pu prendre, de la logique qui les sous-tend et qui leur a conféré une telle force de persuasion. Sur cette voie, l'alternative devant laquelle le philosophe du droit se trouve placé n'est pas douteuse : s'agit-il ou non, pour contourner ces dissolutions du droit, de se livrer à un rejet global de l'univers intellectuel où elles ont surgi ? Plus précisément : de fait, historicisme et positivisme ont pris leur essor au sein de ce qu'on appelle la modernité et ont atteint leur plus haut développement là où, d'une certaine manière, la vision moderne du monde, chez Hegel ou Nietzsche, parvenait à son achèvement ; faut-il en conclure pour autant que c'est la modernité en tant que telle qui conduit inévitablement à vider le droit de sa substance, à le nier théoriquement comme elle a aussi conduit, pratiquement, à ses plus monstrueuses négations ? Tentation forte, dont on sait comment quelques-uns des meilleurs philosophes du droit contemporains y ont cédé, en identifiant, sous la forme d'un retour au droit naturel antique, l'évitement des conditions d'impossibilité du droit et l'évitement de la modernité elle-même.

Il n'entre ici pas dans mon propos de dire quelles réserves m'inspire pourtant cette tentation (voir sur ce thème : A. Renaut et L. Sosoé, *Philosophie du droit*, P.U.F., 1991, Première section). Simplement me paraît-il juste de suggérer qu'une autre possibilité se peut envisager, répugnant à un aussi radical (et coûteux) sacrifice de la modernité et de ses valeurs (lesquelles entretiennent des liens évidents avec l'idée démocratique) : pour critique qu'elle soit à l'égard des errances de la spéculation moderne (aussi bien chez Kant que chez Fichte, la philosophie critique ne se conçoit qu'incluant en elle une subversion des illusions spéculatives de la métaphysique et de la rationalité modernes), l'option criticiste reste sur le terrain même de la modernité, c'est-à-dire sur le terrain d'une philosophie de la subjectivité, où l'objectivité, tant théorique (le «vrai») que pratique (le «bien», mais aussi le «juste»), ne se définit que par et pour le sujet.

Je ne saurais développer dans un cadre aussi restreint les raisons pour lesquelles, de ces deux possibilités (le retour aux Anciens, l'exploration du moment critique de la modernité), la seconde seule me paraît mériter d'être saisie aujourd'hui : reste qu'au centre du débat se situe à l'évidence le destin des valeurs de l'humanisme moderne. Faisant le second choix, J. Rawls souligne significativement que toute sa recherche, qu'il désigne comme «de nature profondément kantienne» (J. Rawls, *Théorie de la justice*, tr. par C. Audard, Seuil, 1987, Préface), présuppose la conception des personnes comme des êtres libres et égaux, capables d'autonomie, bref, l'adhésion aux principes modernes de l'humanisme juridique ; optant au contraire, comme L. Strauss, pour une réévaluation du droit naturel prémoderne, M. Villey dénonce le «verbiage creux des systèmes de droits naturels néo-kantiens» et s'élève «contre l'humanisme» et sa prétention à « faire de l'homme le seul auteur du droit» (M. Villey, «L'humanisme et le droit», in : *Seize essais de philosophie du droit*, Dalloz, 1969, p. 61 sqq.) : la démarche même d'une philosophie du droit s'essayant à éviter les écueils historicistes et positivistes dépend donc étroitement du type de critique, interne ou externe, adressé aux valeurs de la modernité. Ainsi l'interrogation sur le droit communique-t-elle directement, aujourd'hui, avec la question décisive de savoir quel style doit adopter cette problématisation du monde moderne autour de laquelle se dessinent et se décident les principaux clivages perceptibles dans notre univers philosophique : les lignes de partage qui, dans le débat philosophique contemporain, distinguent «humanistes» et «antihumanistes», recoupent les lignes de force qui, en matière de réflexion sur le droit, opposent «modernes» et «antimodernes», — tant et si bien que, pour la première fois sans doute depuis l'extraordinaire efflorescence qui caractérisa, en matière de philosophie du droit, les décennies immédiatement

postérieures à la Révolution française, la question
du droit s'est *de facto* réinstallée au centre de
l'activité philosophique. Il n'est pas certain que ce
recentrage soit au demeurant un simple effet de
mode. Sur le chemin qui conduisait de Kant à
Fichte, il avait en effet appartenu au criticisme de
manifester comment c'est aussi *de jure* que le
moment juridique constitue nécessairement l'axe
autour duquel l'édifice philosophique trouve sa
cohérence, – et cela pour des raisons qui ne sont
pas sans relation avec la reconnaissance de la question de l'humanisme («qu'est-ce que l'homme ?»)
comme question centrale de la philosophie. En
sorte que, de ce point de vue aussi, le temps est
peut-être venu de reconnaître ce statut philosophiquement éminent, trop longtemps oublié, de la
philosophie du droit, et d'apercevoir que la
question du droit n'est pas une question philosophique parmi d'autres, mais une manière, la plus
profonde peut-être, de poser la question de la
philosophie.

2. J'ai tenté d'analyser ailleurs dans toute sa
complexité la désignation criticiste de la philosophie du droit comme clef du problème de l'unité
de la philosophie (cf. A. Renaut, *Le système du
droit*, P.U.F., 1986, et *De la philosophie comme
philosophie du droit*, «Bulletin de la Société
française de Philosophie», juillet-septembre

1986), et je me bornerai donc ici à dégager la logique d'un telle promotion philosophique de la question du droit. Trois équivalences, reconnues par Kant et léguées par lui à Fichte, doivent à cette fin être articulées : l'équivalence entre le problème de l'unité de la philosophie et la question de l'homme (l'humanisme), celle qui intervient entre la fondation de l'humanisme et la réflexion sur l'histoire comme progrès, celle enfin qui s'établit entre cette question du progrès et le problème de la réalisation historique du droit.

A. *De la philosophie critique comme humanisme.* La question « qu'est-ce que l'homme ? » est apparue à Kant, chacun le sait, comme celle autour de laquelle, selon l'expression de la *Critique de la Raison pure*, « se laisse rassembler tout le champ de la philosophie ». Encore faut-il, pour comprendre le principe de ce « rassemblement », se rappeler comment s'était posé à Kant le problème de l'unité de la philosophie, à savoir comme celui de trouver, selon les termes de la seconde introduction à la *Critique de la faculté de juger*, un « passage » entre la philosophie théorique et la philosophie pratique, entre la philosophie de la nature et la philosophie de la liberté : la première (*Critique de la Raison pure*) pense les objets de la nature, en tant que simples phénomènes, comme soumis à la loi du déterminisme ; la seconde (*Critique de la Raison pratique*) met au fondement de l'objectivité l'Idée de liberté, que l'on ne peut se représenter dans l'intuition, autrement dit une « chose en soi ». En conséquence d'une telle division de la philosophie (et comment ne pas la partager ?), il paraît impossible de concevoir le moindre effet de la liberté (chose en soi) dans la nature (phénomène), – auquel cas, la liberté n'ayant aucune influence dans la nature, on ne voit pas quel sens pourrait avoir l'impératif moral d'agir par liberté (= par devoir) : corrélativement, comment pourrions-nous, dans ces conditions, juger un homme pour ses actes, l'en tenir responsable, dès lors que de tels actes, s'inscrivant dans l'univers phénoménal, seraient à penser comme pris dans le déterminisme naturel (et non comme produits par liberté) ? Bref, aussi bien pour assurer l'unité de la philosophie (pour trouver une cohérence entre philosophie théorique et philosophie pratique) que pour sauver la philosophie pratique elle-même, il fallait pouvoir penser une synthèse de la nature et de la liberté. On comprend par là même pour quelles raisons expliciter le principe d'une telle synthèse, ce sera développer un discours sur l'homme : ne serait-ce en effet que dans la perspective esquissée par la solution de la troisième antinomie, l'homme est l'être qui se pense à la fois dans le registre de la nature et dans celui de la liberté, et si d'aventure cette dualité du sujet humain (nature/liberté) se pouvait approfondir en une articulation, la réponse à la question « qu'est-ce que l'homme ? » (si l'on veut, l'humanisme) fournirait bien, *ipso facto*, le principe de l'unité de la philosophie.

B. *De l'humanisme comme philosophie de la culture*. Si c'est sur le mode d'un humanisme que la philosophie critique recherche la médiation d'où elle peut recevoir sa cohérence, on aperçoit aussitôt ce qui, suscitant une seconde équivalence, fait de la philosophie de l'histoire, conçue comme progrès de l'espèce humaine (= comme culture), le terrain sur lequel l'humanisme prend tout son sens. Car l'histoire, aussi bien dans l'*Idée d'une histoire universelle d'un point de vue cosmopolitique* (1784) que dans les § 83-84 de la *Critique de la faculté de juger*, Kant la décrit comme ce « progrès de la culture » qui développe en l'homme l'aptitude à dépasser la simple séduction des penchants et à se proposer de libres fins, donc à s'élever de la nature à la liberté, selon un processus infini qui fait de l'homme comme sujet de l'histoire la médiation recherchée.

C. *De la philosophie de la culture comme philosophie du droit*. Il reste alors – et nous touchons ainsi à la troisième équivalence, celle qui décide du statut de la philosophie du droit – à replacer dans ce processus de culture le progrès du droit : la condition sous laquelle se réalise, asymptotiquement, ce but final de la Providence qu'est l'élévation, en l'homme, de la nature à la liberté, c'est, perçoit décisivement Kant, « cette constitution dans le rapport des hommes les uns avec les autres, où au préjudice que se portent les libertés en conflit s'oppose une puissance légale dans ce tout qui s'appelle société civile » (*Critique de la faculté de juger*, p. 242), bref : la construction d'un espace juridique. Car en résolvant, par le simple jeu de l'intérêt bien compris, le problème de savoir comment discipliner son égoïsme et le soumettre à la loi, l'homme (en l'occurrence : la nature en l'homme, puisque le seul ressort du progrès est l'égoïsme, s'apercevant qu'à se déployer sans frein et à faire de la société un champ de conflits incessants, il perd plus que ce qu'il gagne) devient capable de résister aux inclinations sensibles et donc de se proposer des « fins libres ». En ce sens, c'est en devenant sujet de droit que l'homme comme sujet de l'histoire articule en lui la nature à la liberté. Plus précisément : le moment juridique, où la soumission à la loi est seulement extérieure, ne correspond pas encore à l'irruption véritable de la liberté : du moins la prépare-t-il, en préparant la moralité, et c'est en tant que préparation à la liberté que le droit est médiation. Ainsi se révèle-t-il en tout cas qu'à travers l'explicitation du progrès de la culture en progrès du droit, se conquiert une réponse à la question « qu'est-ce que l'homme ? », – réponse que Fichte reprendra à son compte en définissant le propre de l'homme (ce que l'humanisme valorise) en termes avant tout juridiques, à savoir par la «possibilité d'acquérir des droits» (Fichte, *Fondement du droit naturel*, tr. par A. Renaut, P.U.F., 1985, p. 393-394). Ce par quoi l'humanisme criticiste s'affirme comme *humanisme juridique*.

A travers cette triple équivalence, où le problème de l'unité de la philosophie communique avec la question de l'homme, et celle-ci, successivement, avec celles de l'histoire comme progrès, puis du progrès comme réalisation du droit, on aperçoit selon quelle logique la réflexion philosophique sur le droit a pu se développer, de Kant à Fichte, comme devant constituer le cœur du système critique de la philosophie, selon la formule que Fichte utilise en 1798 (*Doctrine de la Science Nova Methodo*, tr. par I. Radrizzani, Lausanne, L'Age d'homme, 1989, p. 307): la philosophie du droit, explique-t-il, «tient le milieu entre la philosophie théorique et la philosophie pratique», en tant que s'y opère une synthèse entre la nature et la liberté, objets respectifs de la philosophie théorique et de la philosophie pratique. Où l'on aperçoit clairement en quoi le système critique de la philosophie ne s'accomplit que comme système du droit: bref, c'est à travers la question du droit que s'achève la rationalité critique de la philosophie.

Kant l'avait perçu : le champ de la philosophie peut se laisser réduire à la question de l'homme. Il a appartenu à Fichte d'expliciter la signification de cette réduction kantienne à la faveur d'un recentrement explicite de la philosophie autour de la philosophie du droit. A cet égard, la philosophie critique, comme philosophie du droit, constitue sans doute l'antitype parfait de cet anti-humanisme et de cet anti-juridisme où s'étaient complues en France, voilà une vingtaine d'années, les principales figures de la philosophie contemporaine : comme toujours, la forme implique un contenu, et définir, comme nous y avions été conduits, la *forme* de l'interrogation sur le droit par l'investigation critique (au sens d'une interrogation sur les réquisits intellectuels du concept de droit), c'est aussi réassumer ce qu'avait été, quant à son contenu, la philosophie critique du droit, à savoir ce lieu unique où la philosophie du droit devient la philosophie elle-même, notamment parce qu'elle fournit le principe de son unité et de sa cohérence (nous verrons aussi, dans la suite de ce volume, que la première Doctrine de la Science a assuré pour d'autres raisons encore la promotion philosophique de la question du droit).

Il ne faut pas se méprendre sur le sens de ce qui vient d'être suggéré. Il n'y est nullement prétendu que ce soit à partir de la même logique où s'était située la réflexion de Kant et de Fichte (comme réflexion sur l'unité de la philosophie) que la philosophie ait à apercevoir aujourd'hui la fonction centrale qu'est appelée à remplir en elle la philosophie (critique) du droit. Peut-être à tort, le problème de l'unité de la philosophie (si l'on veut : le problème du système) n'est plus au premier plan de l'investigation philosophique. Un nouvel investissement critique pourrait bien toutefois retrouver, par une autre voie, ce statut philosophiquement privilégié, voire central, de la question du droit. A beaucoup d'égards, ce qu'aura à explorer, intellectuellement, le moment présent, renverra à une question décisive pour le destin de nos sociétés individualistes : comment, à l'intérieur de cet horizon de subjectivité qui, malgré qu'on en ait eu parfois, reste le nôtre et est le signe de notre appartenance à la modernité, déterminer des sphères de validité supra-indivi-duelles, si l'on veut : des « valeurs » susceptibles d'être au moins pensées comme « valables pour tous » et de constituer des pôles de consensus ou d'intersubjectivité ? Or, de ce point de vue aussi, le droit définit sans aucun doute un domaine électif d'exploration : si la question est en effet de savoir comment penser une limitation de l'indi-vidualité en vue de rendre possible l'intersub-jectivité, le droit moderne est, dans son principe, autolimitation à la condition de la liberté d'autrui. Ce n'est donc pas un hasard si les différentes figures de la pensée 68, obstinées à déconstruire la subjectivité pour libérer l'individualité, ont systématiquement nié le droit dans sa spécificité, soit en y voyant le lieu de simples phénomènes idéologiques, soit en le mettant en rapport (comme espace de valorisation) avec la métaphysique de la subjectivité. Nul hasard non plus si c'est souvent à travers une problématisation renouvelée de la valorisation juridique, comme limitation de l'individualité et comme création d'espaces d'intersubjectivité, que se manifeste aujourd'hui le renouveau du débat philosophique. Qu'à cette fin le philosophe cherche son appareillage du côté d'une philosophie qui, de Kant à Fichte, avait, pour des raisons architectoniques, fait de la philosophie du droit le foyer de la rationalité philosophique, cela ne saurait donc véritablement ni surprendre, ni déconcerter. D'autant que, si nous voulions dresser un bilan de ce qu'aura apporté la philosophie critique à l'interrogation sur le droit, force serait d'enregistrer que, non seulement elle a enrichi et approfondi la position philosophique de la question du droit, mais aussi — et la contribution était plus précieuse encore — qu'elle lui a apporté une réponse inédite et, à bien des égards, indépassée.

III. *Penser le droit, aujourd'hui*

A la recherche des conditions de possibilité (de «pensabilité») du concept de droit, le philosophe se trouve contraint de prendre en compte ce dédoublement entre le juste et la législation dont nous percevions en commençant combien il est inscrit dans la signification même de ce que nous entendons par «droit». S'il n'est pas de droit sans la référence possible du droit positif à un étalon permettant d'en mesurer la valeur, comment se représenter cet étalon, quel statut lui conférer et dans quelle relation l'installer avec les éléments du droit positif?, – autant de questions auxquelles il faut pouvoir apporter une réponse si le concept de droit ne doit pas être amputé d'une partie de son sens. Or, si nous considérons la manière dont, dans son histoire, la philosophie du droit a fait face à de telles questions, force est d'enregistrer que, des Anciens aux Modernes, c'est à l'édification de deux dispositifs fort différents que nous assistons, dont la succession reste, à la fois quant à sa logique et à sa portée, un objet de débats.

De fait, la philosophie contemporaine a souvent souligné, pour en dénoncer les effets, la manière dont, avec l'avènement de la modernité, l'«homme» a remplacé la «nature» dans le système de représentations et de valeurs qui président à la conception du droit. Ainsi

L. Strauss, dans le cadre de sa vaste description de tout ce qui oppose les « Anciens » et les « Modernes », a-t-il mis en relief, au principe de ces deux univers, une décision qui, dans l'un et l'autre cas, lui paraît retentir directement sur l'idée du droit :

— Née d'une rupture avec l'univers de la tradition, la grande culture grecque installe la nature en tant que mesure du juste : « A l'origine, l'autorité s'enracinait dans la tradition ancestrale. La découverte de la notion de nature ruine le prestige de cette tradition ancestrale. La philosophie abandonne ce qui est ancestral pour ce qui est bon, pour ce qui est bon en soi, pour ce qui est bon par nature (...) En ruinant l'autorité de la tradition ancestrale, la philosophie reconnaît que la nature est l'autorité suprême. Il serait plus exact de dire toutefois que, ce faisant, la philosophie reconnaît en la nature l'étalon » (*Droit naturel et histoire,* p. 108). Et Strauss précise, en des termes qui répondent parfaitement à notre reformulation de la question du droit (comme interrogation sur les « conditions subjectives nécessaires » pour en penser le concept), que ce recours à la nature comme norme ou comme loi joua ici le rôle d'une « condition nécessaire (...) de l'apparition de la notion de droit naturel », et supposait à son tour que l'on pût se représenter un ordre du monde où « tous les êtres naturels ont une fin naturelle, une destinée naturelle qui détermine quelles sont les opérations qui sont bonnes pour eux » («What is political philosophy?», in: *Political philosophy: six essays by Leo Strauss*, New York, 1975, p. 20). Nous aurons l'occasion, en commentant le premier des textes proposés à la réflexion dans la suite de ce volume, de préciser l'ampleur de ce que présupposait ainsi la représentation grecque du droit: ce qui vient d'en être dit suffit néanmoins à faire paraître de quelle nouvelle et très profonde rupture a procédé, dans ce registre, l'irruption de la modernité.

— On sait en effet comment c'est à travers l'effondrement d'une telle représentation de la nature que se mettent en place les principaux schèmes selon lesquels les Modernes vont appréhender le monde, mais aussi concevoir leurs valeurs. Déplacement qu'exprime, là encore fort clairement, L. Strauss: dans un univers infini, d'où toute conception téléologique de la nature tend à disparaître, «le changement fondamental (...) se manifeste dans la substitution des droits de l'homme à la loi naturelle: la loi qui prescrit des devoirs a été remplacée par des droits, et l'homme a remplacé la nature. Les droits de l'homme sont l'équivalent moral de l'*Ego cogitans*. L'*Ego cogitans* s'est entièrement émancipé de la «tutelle de la nature», et finalement il refuse d'obéir à toute loi qu'il n'ait engendrée en totalité, ou de se dévouer à toute valeur dont il ne soit pas certain d'être le créateur » (L. Strauss, *La cité et l'homme*, Agora, 1987, p. 62).

On peut apprécier fort diversement ce bouleversement, y voir le signe d'un déclin (comme, après Heidegger, le fait Strauss en dénonçant ici l'orgueil du sujet humain oubliant sa finitude et se prétendant « maître et possesseur de la nature »), ou au contraire le moment décisif d'un progrès (au sens où, pour la première fois, l'homme s'y affirme comme intrinsèquement autonome). Du moins la réalité et la profondeur de la mutation apparaissent-elles incontestables, tout particulièrement quant à la représentation du « juste » : rompant avec l'idée d'un droit naturel fondé dans une loi qui est celle-là même de l'ordre du monde et prescrit à chacun ce qu'il doit être, les Modernes vont se référer à un droit naturel fondé dans la nature de l'homme imposant à toute réalité sa loi. *Du naturalisme juridique à l'humanisme juridique*, le déplacement engage à la fois la conception de la nature et celle de l'homme :

— La nature cesse d'être un système finalisé, et devient ce matériau brut, dénué par lui-même de toute signification, dont les « espaces infinis », par leur « silence » (= par leur absence de sens) feront l'effroi d'un Pascal.

— Corrélativement, ce qui va dès lors tenir lieu d'étalon, ce sera l'homme compris comme le fondement (= le sujet) de ses normes et de ses représentations : en raison directe de ce qu'il en est de sa nature (être un *Ego cogitans*, comme dit Strauss, un Moi capable de réfléchir ses représentations), l'homme moderne se concevra comme la seule source des valeurs, – ce pourquoi le droit des Modernes sera un *droit subjectif*, enraciné dans l'idée que le sujet humain se fait de lui-même, et non plus dans l'objectivité d'un ordre cosmique. En ce sens, c'est l'idée de nature humaine qui va se trouver au centre du dispositif juridique de la modernité, comme en témoigne la tradition jusnaturaliste. De la nature à la nature humaine comme fondement des droits et des devoirs : synthèse de toute cette tradition, la fondation wolffienne des droits de l'homme, qu'on examinera ci-dessous en commentant un extrait des *Principes du droit de la nature et des gens,* illustre avec une parfaite netteté, au milieu du XVIIIe siècle, l'enracinement moderne des «droits naturels de l'homme en tant qu'homme» dans une définition a priori de la «nature propre» de l'homme supposée inscrite en chaque individu et ouvrant donc sur des droits à portée *universelle*. A confronter la manière dont, chez Aristote et chez Wolff, s'expriment deux idées du «juste», donc aussi deux concepts du droit, on mesurera ci-dessous quels réaménagements supposait, chez les Modernes, la mise en place de cet universalisme si étranger encore à la culture juridique des Grecs.

Pour l'heure, déléguant aux commentaires qu'on va lire le soin d'examiner avec plus de précision ces deux manières de répondre à la question du droit, je souhaiterais clore cette Introduction par l'examen des diverses objections auxquelles peut apparaître exposée, vis-à-vis des exigences de la pensée contemporaine, la conception du droit que nous a léguée le jusnaturalisme moderne. Historiquement, c'est donc, répétons-le, par la médiation du concept de «nature humaine» que, chez les Modernes, l'homme a remplacé la nature comme source du droit. Or, toute la difficulté, devant laquelle la philosophie, à bien des égards, se trouve aujourd'hui placée quand elle s'interroge sur le destin d'une telle représentation du droit, tient précisément à cette médiation. Car chacun perçoit en quoi, au regard de certaines exigences contemporaines de la pensée, le recours à l'idée de «nature humaine» peut apparaître hypothéquer gravement les valeurs qui trouvaient là leur fondation. De fait, la notion de «nature humaine» a été depuis quelques décennies l'objet des multiples assauts : du côté des philosophes, au nom de l'impossibilité d'«instaurer l'homme dans un savoir» permettant d'en produire une définition (M. Foucault, *Les Mots et les Choses*, Gallimard, 1966, notamment p. 321

sqq.) ; et du côté des sciences sociales, au nom de l'irréductible dispersion des cultures ou de l'hétérogénéité de l'histoire, excluant qu'il soit possible de désigner une nature humaine.

Est-ce à dire pour autant que cette fondation humaniste de l'ordre juridique, à travers laquelle les Modernes, rompant avec les Anciens, avaient fait de l'homme lui-même l'étalon du « juste », se soit à son tour effondrée, comme avait pu s'effondrer, lors du tournant galiléen, le naturalisme antique ? Bref, vivons-nous à nouveau un tournant à la faveur duquel s'inaugurerait une post-modernité juridique aussi étrangère au concept moderne du droit que la modernité elle-même avait pu l'être à celui du monde antique ? Plus précisément : faut-il se convaincre qu'en vertu de l'*épistémè* qui fonde les sciences humaines, « tout bascule dans une irréductible historicité », et que dans ce contexte le savoir (théorique ou pratique) « n'est référé à aucune nature, pas même à une nature humaine, mais à l'histoire » (F. Ewald, *op.cit.*, p. 580) ?

Le sacrifice qu'imposerait ce nouveau virage apparaît à vrai dire si difficile, et aussi à ce point coûteux, que sans doute est-il opportun de réexaminer plus attentivement la question de savoir si décidément l'idée de « nature humaine » n'est plus susceptible aujourd'hui, en quelque acception que ce soit, de servir de référence à nos interrogations sur le fondement du droit. Notons d'emblée qu'un tel réexamen ferait apparaître qu'au demeurant point ne fut besoin d'attendre la naissance des sciences sociales pour assister à une première problématisation de la «nature humaine»: c'est en effet du sein même de la philosophie que Kant posait déjà en toute clarté qu'il ne saurait y avoir à proprement parler de «nature humaine», c'est-à-dire d'essence conceptuelle de l'homme, raison pour laquelle «l'homme ne peut devenir homme que par l'éducation» (*Réflexions sur l'éducation*, tr. et intr. par A. Philonenko, Vrin, 1966, p. 73). Ce que justifiait une argumentation dont chacun appréciera la grandiose limpidité: parce qu'il est libre et donc capable en droit d'un progrès infini que ne saurait prédéterminer l'assignation d'une «nature», l'homme existe avant d'être ce qu'il a à devenir et ce que nous appelons sa nature est en fait, tout au plus, sa destination (*Bestimmung*); en vertu de quoi «il faut donc à l'homme une éducation», mais, comme l'éducateur est un homme qui «doit produire chez l'autre ce dont lui-même a besoin», «l'homme dévie constamment de sa destination et y revient toujours» (*Anthropologie*, tr. par M. Foucault, Vrin, 1970, p. 164-165).

On sait quelle carrière fera chez Fichte cette notion de «destination de l'homme» qui, dans l'espace du criticisme, vient ainsi relayer celle de

« nature humaine », chère au jusnaturalisme, à titre de « condition subjective nécessaire » pour penser le concept de droit. Même s'il est possible que Fichte n'ait jamais lu ces textes, l'étroite parenté d'inspiration philosophique qui l'unissait à Kant le conduisit lui-même, dès 1796, vers une telle conception « existentialiste » de l'homme : « Chaque animal est ce qu'il est ; l'homme, seul, originairement n'est absolument rien. Ce qu'il doit être, il lui faut le devenir ; et, étant donné qu'il doit être un être pour soi, il lui faut le devenir par soi-même ». Bref, le seul « caractère propre de l'humanité » qui puisse être tenu pour « donné » résiderait dans la « capacité d'être formé » (*Fondement du droit naturel*, P.U.F., p. 95), c'est-à-dire au fond dans son éducabilité ou (puisque c'est ce thème rousseauiste que Fichte, comme Kant, reprend à son compte) sa « perfectibilité ».

Je n'examinerai pas ici selon quelle démarche Fichte fonde à son tour cette « dénaturalisation » de l'homme. On verra comment, à travers le dernier des textes qui vont être commentés, la perspective ainsi adoptée conduit le *Fondement du droit naturel* à pratiquer une déduction du concept de droit si profondément réaménagée, par rapport à celle qui s'était trouvée synthétisée chez Wolff, que les objections susceptibles d'être adressées au dispositif habituel du jusnaturalisme semblent bien près de perdre, cette fois, toute pertinence. Pour le moins conviendra-t-on d'ores et déjà que la distance prise par rapport à la représentation traditionnelle, aujourd'hui si contestée, de la «nature humaine» est singulièrement frappante : nulle croyance naïve, ici, en une «nature de l'homme», et donc nulle déduction du droit naturel à partir d'un concept de l'homme. Le retentissement sur le statut des droits (naturels) de l'homme en est très profond : car, si l'humanité n'est pas une nature prédéterminée, mais une destination à conquérir par l'activité libre, ce qui a été visé sous le terme de «droit naturel» (soit : le droit correspondant à cette humanité) ne saurait être assigné, même par une fiction ou par une expérience de la pensée, à un quelconque état de nature ; tout au contraire, s'agit-il d'un horizon. Deux conséquences au moins s'en déduisent qui transforment largement le dispositif intellectuel à l'aide duquel le jusnaturalisme moderne s'était efforcé de penser le droit :

1. Au premier rang des conditions de pensabilité du concept de droit continue certes de figurer une valorisation de l'homme en tant que tel, d'où se laisse directement déduire une idée du droit comme ce sans quoi l'être humain ne pourrait accomplir sa destination. Dit autrement : l'humanisme reste l'option intellectuelle et axiologique qui anime une telle pensée du droit. Il

n'en demeure pas moins qu'il s'agit là d'un humanisme considérablement réaménagé, et que rien n'interdit plus, débarrassé qu'il est d'une conception naturaliste de la «nature humaine», de le tenir désormais pour compatible avec les principales exigences de la pensée contemporaine, y compris avec les acquis des sciences sociales.

2. D'autre part, une telle dénaturalisation de l'homme, constitutive sans doute de ce qu'il peut y avoir de plus profond dans l'idéal humaniste de la modernité, permet de se forger une représentation clarifiée de la fonction du droit. Si l'humanisme authentique, comme l'a bien perçu à son tour Sartre, se signale très exactement par le refus d'attribuer à l'homme une essence, de l'emprisonner dans une quelconque définition historique ou naturelle, l'homme doit apparaître comme le seul être pour lequel ni l'histoire, ni la nature ne sauraient constituer des codes : dans ces conditions, si le «propre de l'homme» ne consiste qu'en cette capacité (qui définit sa liberté) de s'arracher à toute assignation d'une essence, qui ne voit que le droit a précisément pour fonction de préserver pour chacun la possibilité d'un tel arrachement, – au sens où priver quelqu'un de ses droits, c'est au fond le condamner à n'être que ce qu'il est déjà, et lui interdire de devenir celui qu'il doit être ? Bref, pour tout homme, en appeler au droit contre le fait (y compris lorsqu'il s'agit de

l'effectivité de « lois injustes »), c'est revendiquer les moyens de s'arracher à ce qui le naturalise et dénoncer tout ce qui vient réduire en lui l'être humain à une nation particulière, à un sexe, à une ethnie ou un groupe, voire à un rôle, à une fonction sociale quelconque. Reposant sur l'idée que la culture est arrachement à la nature, qu'elle est donc l'œuvre de la liberté, ce n'est pas autre chose qu'énonce, contre les divers naturalismes (dont le racisme est seulement l'une des formes les plus odieuses), l'idée pure du droit (comme droit de l'homme à l'humanité), à savoir que l'homme (tout homme) a le devoir, donc aussi le droit de transcender toutes les définitions.

Texte 1

Aristote, Ethique à Nicomaque, *Livre V,*
chapitre X, 1134 b 18 – 1135 a 5 [1].

Le juste politique est en partie naturel, en
partie légal. Est naturel ce qui a partout la même
puissance, et non pas ce qui procède du fait qu'on
en a décidé ainsi ou non. Est légal ce dont il
n'importe pas, au départ, qu'il en aille ainsi ou
autrement, mais uniquement une fois qu'on l'a
institué tel : c'est le cas, par exemple, de la rançon
d'un prisonnier qu'on fixe à une mine, du fait
qu'on sacrifie une chèvre et non deux brebis, et
encore de toutes les dispositions législatives prises
sur des cas particuliers, comme le sacrifice
accompli en l'honneur de Brasidas, et de même en
va-t-il des prescriptions prenant la forme de
décrets[2].

Or, il en est certains[3] qui pensent que toutes les
dispositions juridiques sont de ce type, dans la
mesure où ce qui est par nature est immuable et
possède partout la même puissance (comme il en
va du feu, qui brûle aussi bien ici que chez les
Perses), alors que les choses du droit, observent-
ils, sont soumises au changement. En fait, il n'en

est pas ainsi, sinon en un sens[4]. Sans doute n'est-ce absolument pas le cas chez les dieux[5]; mais même chez nous, il y a quelque chose qui existe par nature, quand bien même tout est soumis au changement : néanmoins y a-t-il bel et bien ce qui est par nature et ce qui n'est pas par nature. Et, parmi les choses qui peuvent être autrement qu'elles ne sont, lesquelles sont par nature, lesquelles ne le sont pas, mais sont légales et relèvent de la convention, c'est évident. Et, dans les autres domaines aussi, la même distinction s'appliquera : ainsi, bien que, par nature, ce soit la main droite qui possède le plus de force, il est cependant toujours possible de devenir ambidextre[6]. Pour ce qui est des dispositions juridiques qui procèdent de la convention et de l'utilité, on peut les comparer aux unités de mesure : car les mesures de vin et de blé ne sont pas partout égales, mais elles sont plus grandes quand on achète et plus petites quand on vend[7]. De même, les choses qui ne sont pas naturellement, mais humainement justes, ne sont pas partout les mêmes, puisque les constitutions politiques elles-mêmes ne le sont pas, bien qu'une seule constitution soit partout à chaque fois la meilleure d'après la nature[8].

Texte 2

Wolff, Principes du droit de la nature et des gens, *tr. par Formey, Livre I, chapitre I* [9].

Une obligation universelle, c'est *ce à quoi tout homme est tenu, par-là même qu'il est homme* [10]. C'est ainsi qu'il n'y a personne qui ne soit obligé de conserver les membres et les organes de son corps, d'aimer Dieu, de rendre au prochain les bons offices qui sont en sont pouvoir, etc. (...) [11].

Le droit universel, c'est *celui qui convient à tout homme, par-là même qu'il est homme.* C'est une conséquence de l'obligation universelle [12]. La nature m'oblige de veiller à la conservation de mon corps [13]. Ce corps ne saurait être conservé sans le secours des aliments. J'ai donc droit de faire tous les actes qui peuvent me procurer l'acquisition des aliments. (...)

L'obligation naturelle, ou née avec nous [14], est *celle qui a sa raison prochaine et immédiate dans la nature et dans l'essence de l'homme,* ou du moins celle qui dérive d'une telle obligation primitive, sans le concours d'aucune autre raison étrangère. Du premier ordre est l'obligation de conserver son corps, dont la violation irait à la ruine de notre nature. Mais comme on nuit à la conservation de son corps en prenant plus d'aliments qu'il ne convient à la santé, la modération dans l'usage des aliments est une obligation naturelle du second ordre, ou dérivée de la première. (...)

Passons à présent à la définition du droit. C'est *la faculté de faire ce qui est moralement possible, et de ne pas faire ce qui est moralement impossible*[15]. On appelle *moralement possible* ce qui peut se faire sans blesser la rectitude ; *moralement impossible* ce qui est contraire à la rectitude. La nécessité morale d'agir et de ne pas agir, suivant qu'une action est moralement possible, ou impossible, est une *obligation passive*. Il résulte de ces définitions que *le droit tire sa source de l'obligation passive* [16] (...) Le droit, par exemple, de prendre des aliments, et le domaine de toutes les choses qui se rapportent à cet usage, prend sa source dans l'obligation de conserver son corps. (...).

L'obligation précède donc le droit : avant que de concevoir aucun droit, il faut toujours supposer quelque obligation, sans l'existence de laquelle il n'y aurait point de droit[17].

Le droit naturel, ou *né avec nous*, est *celui qui dérive d'une obligation naturelle*, de sorte que cette obligation étant posée, il faut que ce droit existe[18]. Or la nature, ou l'essence de l'homme, emporte certaines obligations. Elle établit donc certains droits[19].

La nature ou l'essence humaine étant une chose commune à tous les hommes, tout droit naturel est un droit universel, que l'homme n'a point acquis, mais qu'il apporte avec lui, en venant au monde[20]. Tel est le droit de se défendre ; il ne faut point demander qui nous l'a donné ; il est en nous essentiellement. Ce n'est pas que nous ne fassions voir dans la suite que ce que nous tenons de la Nature doit être rapporté à Dieu, auteur de la Nature. Mais dans l'hypothèse même de ceux qui nieraient l'existence de Dieu, les droits naturels ne souffrent aucune atteinte[21].

Le droit acquis, c'est *celui qui ne dérive pas de la seule obligation naturelle, mais qui suppose l'intervention de quelque fait.* C'est un droit *singulier.* Tel est le droit paternel[22].

Texte 3

Fichte, Fondement du droit naturel, *Première Partie, Première Section : Déduction du concept de droit (tr. par A. Renaut, P.U.F., 1984)* [23]

Théorème premier :
Un être raisonnable fini [24] *ne peut pas se poser lui-même sans s'attribuer une libre causalité* [25].

Théorème 2 :
L'être raisonnable fini ne peut pas s'attribuer à lui-même une libre causalité dans le monde sensible sans l'attribuer aussi à d'autres, par conséquent sans admettre aussi d'autres êtres raisonnables finis hors de lui [26].

Théorème 3 :
L'être raisonnable fini ne peut admettre d'autres êtres raisonnables finis hors de soi, sans se poser comme se tenant avec eux dans une relation déterminée, que l'on nomme la relation juridique.

(...) Je me pose comme individu en opposition avec un autre individu déterminé, en tant que *je*

m'attribue, *à moi*, une sphère pour ma liberté,
d'où j'exclus l'autre, et en tant que j'attribue *à
l'autre* une sphère d'où je m'exclus – cela, bien
entendu, exclusivement dans la pensée d'un fait, et
par suite de ce fait [27]. Je me suis donc posé comme
libre, à côté de lui, et sans dommage quant à la
possibilité de sa liberté. Par cet acte de poser ma
liberté, je me suis *déterminé* [28], c'est l'être-libre
qui constitue mon caractère essentiel. Mais que
signifie «être libre»? Manifestement, pouvoir
mettre en œuvre les concepts que l'on a forgés de
ses actions. Mais la mise en œuvre est toujours ce
qui *succède* au concept, et la perception du produit
qu'a formé la causalité est toujours *à venir* par
rapport à la formation de son concept. La liberté
est donc toujours posée dans l'avenir; et si elle
doit constituer la caractéristique d'un être, c'est
pour *tout* l'avenir de l'individu; elle est posée
dans l'avenir, en tant que *l'individu lui-même* y est
posé [29].

Or, ma liberté n'est possible que dans la
mesure où l'autre reste à l'intérieur de sa sphère;
donc, de même que j'exige cette liberté pour tout
avenir, j'exige aussi la limitation de l'autre, et,
puisqu'il doit être libre, sa limitation par lui-
même pour tout l'avenir; et tout cela de façon
immédiate, dès lors que je me pose comme
individu.

Cette exigence que je lui adresse est contenue dans l'acte de me poser moi-même comme individu [30].

Mais il ne peut se limiter que parce qu'il possède un concept de moi-même comme étant un être libre. Pourtant, j'exige cette limitation de façon absolue ; j'exige donc de lui de la *cohérence*, c'est-à-dire qu'à l'avenir tous ses concepts soient déterminés par un certain concept antérieur, en l'occurrence la connaissance qu'il a de moi comme étant un être raisonnable [31].

Mais il peut me reconnaître comme un être raisonnable qu'à la condition que je le traite lui-même comme tel, en conséquence de ce concept que j'ai de lui. Je m'impose donc la même cohérence, et son action est conditionnée par la mienne. Nous nous trouvons en relation d'action réciproque, en une relation conséquente de notre pensée et de notre action avec elles-mêmes et, de façon réciproque, l'une avec l'autre.

La conclusion est déjà acquise. *Il me faut reconnaître dans tous les cas l'être libre hors de moi comme tel, c'est-à-dire limiter ma liberté par le concept de la possibilité de sa liberté.*

La relation entre êtres raisonnables que l'on a déduite[32], à savoir que chacun limite sa liberté par le concept de la possibilité de la liberté de l'autre, à la condition que celui-ci limite également la sienne par celle de l'autre, se nomme la *relation juridique* ; et la formule qui vient d'être énoncée est la *proposition du droit.*

Cette relation est déduite du concept de l'individu [33]. Est donc démontré ce qui était à démontrer.

En outre, le concept de l'individu a été démontré auparavant comme condition de la conscience de soi ; donc le concept du droit est lui-même condition de la conscience de soi. En conséquence, ce concept est dûment déduit *a priori*, c'est-à-dire à partir de la pure forme de la raison, à partir du Moi.

Corollaires

1) Par suite de la déduction qui vient d'être effectuée, on affirme donc que le concept du droit se trouve dans l'essence de la raison [34], et qu'aucun être raisonnable fini n'est possible dans lequel ce concept ne serait pas présent, – nullement par suite de l'expérience, de l'instruction, de règlements arbitraires établis entre les hommes, etc., mais par suite de sa nature raisonnable. (...)

2) Le concept que l'on a déduit n'a rien à faire avec la loi morale, il est déduit sans elle, et, puisqu'il n'y a qu'une seule déduction possible du même concept, c'est là déjà une preuve factuelle qu'on n'a pas à le déduire de la loi morale [35]. (...)

3) Le concept de droit est le concept d'une relation entre des êtres raisonnables. Il n'existe

par conséquent qu'à la condition que de tels êtres soient pensés en relation les uns avec les autres. Il est vain de parler d'un droit sur la nature, sur un sol et une terre, sur des animaux, etc., pris simplement en tant que tels, et en ne considérant que la relation entre eux et les hommes...[36]

Notes et remarques :

A) sur le texte d'Aristote.

1) On a retraduit, d'après l'édition de Susemihl (1880) revue par Apelt (Leipzig, 1912) ces lignes de l'*Ethique à Nicomaque*. La traduction usuelle, quelque peu vieillie, contient diverses inexactitudes qui ont été ici rectifiées (*Ethique à Nicomaque*, tr. par J. Tricot, Vrin, p. 250-252) ; il est possible de se reporter aussi à la traduction de J. Voilquin, Garnier-Flammarion, 1965, ainsi qu'à celle de R.A. Gauthier et J.Y. Jolif, T. I, Louvain/Paris, Nauwelaerts, 1955, 2e éd., 1968. Le passage traduit a été plus spécialement commenté par L. Strauss, *Droit naturel et histoire*, tr. citée, p. 151 sqq. ; H.G. Gadamer, *Le problème de la conscience historique*, Louvain, 1960, chapitre V ; J. Ritter, « Le droit naturel chez Aristote », *Archives de Philosophie*, 1969, pp. 416-457 ; M. Villey, *La formation de la pensée juridique moderne*, Paris, Montchrestien, p. 52 sqq. ; P. Aubenque, « La loi chez Aristote », *Archives de Philosophie du droit*, 1980.

2) Brasidas était un général spartiate qui mourut pendant la guerre du Péloponnèse. Le droit positif des Grecs distingue le décret (ψήϛσμα) de la

la loi (νόμος) par la particularité plus grande de ce qu'il est appelé à régir. Un passage célèbre de la *Politique* (IV, 4, 1292 a 15-21) suggère que la démocratie devient tyrannie quand, à la faveur d'une inflation de décrets, le gouvernement finit par affaiblir à tel point le poids de la loi, dans son universalité, qu'il devient un despote.

3) Il s'agit des Sophistes, qui, comme Thrasymaque dans la *République* de Platon, ou comme Calliclès dans le *Gorgias*, soutiennent que les lois positives, inventions des faibles pour se défendre contre les forts, ne sont jamais conformes à la vraie loi de la nature, qui veut que les forts l'emportent : en ce sens, toutes les lois établies apparaissent comme artificielles, coupées qu'elles sont de ce qui définit la nature.

4) La thèse des Sophistes a malgré tout une part de vérité, dans la mesure où les règles juridiques sont effectivement changeantes : pour autant, contrairement à ce qu'ils affirment, il ne s'ensuit pas qu'aucune dimension du droit ne puisse se réclamer de la nature ; le naturel n'est pas en effet, dans le monde sublunaire, synonyme de l'immuable.

5) Chez les dieux, nature et immutabilité coïncident, puisque le mouvement caractérise l'imperfection (la matérialité) du monde sublunaire : en ce sens, *s'il existait, chez les dieux, un droit naturel*, il serait soustrait à toute variation. *S'il existait pour eux un droit naturel*, – car il s'agit là,

à l'évidence, de la part d'Aristote, d'une manière exotérique d'argumenter. A ses yeux, ce serait en effet conférer aux dieux un «aspect ridicule» que d'imaginer pour leurs actions un cadre juridique, par exemple «en les faisant contracter des engagements ou restituer des dépôts» (*Ethique à Nicomaque,* X, 8, 1178 b 10-12). Au-delà de ce qui la fonde chez Aristote lui-même (à savoir l'inscription de l'éthique et du droit dans le domaine, grevé de finitude, qui est celui de la «prudence»), l'idée est plus profonde qu'il n'y paraît : elle signifie que la notion de droit ne s'applique en toute rigueur qu'à l'humanité.

6) Dans leur commentaire (t. II, Première partie, p. 395), R.A. Gauthier et J.Y. Jolif rappellent que, pour Platon (*Lois,* VII, 794e), les deux mains sont par nature tout aussi fortes l'une que l'autre, et que les éducateurs doivent donc veiller à ce que les enfants deviennent ambidextres comme ils sont ambipèdes. Pour sa part, Aristote justifiait la plus grande vigueur de la main droite en arguant que le côté droit du corps reçoit un plus grand afflux de sang (*Parties des animaux*, III, 4, 666 b 35 sqq.).

7) Contrairement à ce que suggèrent certains commentaires, il n'y a ici nulle allusion à une quelconque malhonnêté du commerçant. Simplement Aristote souligne-t-il que le grossiste et le détaillant n'utilisent pas les mêmes unités de mesure : ils déterminent donc les règles de leur

négoce selon les fins respectives de leurs commerces, donc selon l'utile.

8) Difficulté de traduction, tenant à l'emploi de l'adverbe πανταχοῦ : si on le rend par son sens uniquement extensif (= «partout»), le texte soutient qu'«il n'y a qu'une seule forme de gouvernement qui soit partout naturellement la meilleure» (Tricot), ce qui s'oppose à la fois à la logique du texte et à toute la philosophie politique d'Aristote, notamment à la manière dont, à la différence de Platon, elle exclut le projet d'imposer universellement une seule et unique constitution (voir *Politique*, III, 7). Je me suis rallié à la solution proposée par P. Aubenque, art. cité, qui privilégie ici le sens distributif de l'adverbe : Aristote admet que la meilleure constitution ne soit pas partout la même, mais *dans chaque cas* (= *partout à chaque fois*) il y a une constitution qui convient mieux que les autres et qui est donc la meilleure.

B) sur le texte de Wolff.

9) Il n'existe à ce jour aucune traduction française de l'intégralité d'un ouvrage de Christian Wolff. Sa philosophie fut introduite en France grâce aux commentaires de l'abbé Jean Deschamps (*Cours abrégé de philosophie wolffienne* en trois volumes, sous forme de lettres, 1743-1747) et d'Emer de Vattel (*Questions de Droit Naturel et Observations sur le Traité du Droit de la Nature de M. le Baron de Wolff*, 1762, et *Commentaire sur le Droit de la Nature de Ch. Wolff*, 1791), et surtout grâce à Jean Henri Samuel Formey. Ce dernier fut d'abord l'auteur d'un étonnant roman philosophique, vulgarisant en six petits volumes la pensée de Wolff (*La belle Wolffienne*, 1741-1743). Puis il conçut et traduisit un abrégé des deux grands ouvrages juridiques de Wolff, le *Jus Naturae* (huit volumes, 1740-1748) et le *Jus Gentium* (1749). Ces *Principes du droit de la nature et des gens, extrait du grand ouvrage latin de M. de Wolff*, dont est tiré le fragment reproduit ici, est paru, sous la forme de trois petits volumes, en 1758 à Amsterdam (repr., Bibliothèque de Philosophie politique et juridique, Caen, 1988).

10) Formey suit ici *Jus Naturae*, I, ch. I, § 11 sqq.

11) Dans le passage que nous laissons de côté, comme d'ailleurs dans le *Jus Naturae*, Wolff oppose à l'obligation universelle l'obligation singulière (*obligatio singularis*), «à quoi on est tenu par d'autres raisons que celles qui sont prises de notre nature humaine» (par exemple, les obligations entre les parties d'un contrat). De même, plus bas, au droit universel viendra s'opposer le droit singulier, déduit, non d'une obligation universelle, mais d'une obligation singulière, comme par exemple celle d'un père à l'égard de ses enfants.

12) Le droit se déduit donc de l'obligation. Cf. *Jus Naturae*, § 24 : *Cur obligatio prior jure.*

13) *Jus Naturae*, § 349 : «L'homme est obligé de conserver son corps, c'est-à-dire de faire ce qui peut contribuer à la conservation du corps et de ne pas faire ce qui le détruit». Dans ses *Questions de droit naturel*, p. 9, De Vattel commente ainsi la manière dont «Monsieur Wolff donne ici deux démonstrations de cette vérité» : «1° Il a établi ailleurs cet excellent principe que l'homme doit déterminer ses actions libres par les mêmes fins qui déterminent les actions naturelles, c'est-à-dire ces actions qui s'opèrent dans notre corps par un effet de son méchanisme, sans que notre volonté y ait quelque part ; or, dit-il ici, les actions naturelles du corps dépendantes de la faculté vitale tendent à sa conservation ; donc nos actions libres doivent y tendre aussi, et elles ne peuvent légitimement aller à sa destruction. 2° Il déduit la même

conséquence de l'obligation où nous sommes de diriger nos actions à notre plus grande perfection, en faisant voir que les actions qui tendent à la conservation du corps, tendent par cela même à sa perfection. »

14) Formey identifie à juste titre l'*obligatio connata*, qui apparaît dès le § 20 du *Jus Naturae* (*Omnis obligatio absoluta connata est*), et ce qui sera désigné beaucoup plus loin (§ 159) comme *obligatio naturalis*, laquelle sera dite « nécessaire et immuable », impossible à supprimer. Au demeurant, la notion n'est pas nouvelle. Voir les indications de Grotius sur l'« obligation naturelle », *Droit de la guerre et de la paix*, II, ch. XIV, § 6, et surtout ce que Pufendorf entend par de telles obligations, soit « celles qui résultent de la nature même des hommes considérée comme telle, c'est-à-dire qui ont pour objet ce à quoi chacun est tenu en tant qu'animal raisonnable » (*Droit de la Nature et des Gens*, III, ch. IV, § 3).

15) Pour une définition parallèle, cf. *Jus Naturae*, § 148 : « Nul homme n'a le droit de faire sans aucune restriction ce qu'il veut. En effet, tous les hommes sont obligés par la loi naturelle de commettre certaines actions, d'en omettre d'autres, et cette obligation qui procède de la loi naturelle, est nécessaire et immuable. » Wolff précise au § 150 qu'à l'opposé, la licence (*licentia*) se définit comme un « droit imaginaire » (*jus fictum*), à savoir « le droit de faire sans restriction ce que l'on veut ».

16) Cf. *Jus Naturae,* § 23 : *Jus oritur ex obligatione passiva.* Le même § 23, qui indique que « l'obligation morale d'agir et de ne pas agir est passive », renvoie, pour la notion d'obligation passive, à *Philosophia practica universalis*, I, § 118 : « La nécessité morale d'agir ou de ne pas agir est dite obligation passive. En revanche, la connexion du motif avec l'action, qu'elle soit positive ou privative, est appelée obligation active ».

17) La relation entre droit et obligation est formulée plus explicitement encore au § 23 du *Jus Naturae* : par le droit, écrit Wolff, « on entend ce qui est nécessaire pour agir moralement ».

18) Dans le *Jus Naturae* (§ 26), le droit naturel apparaît sous le nom de *jus connatum,* ce que Formey traduit ici par : « né avec nous ».

19) L'essentialisme qui anime toute cette déduction du droit naturel est plus fortement souligné dans le *Jus Naturae*, § 28-31 : « L'essence et la nature de l'homme étant posées, tout droit naturel se trouve aussi posé (...) Puisqu'on pose un droit naturel, on pose aussi l'essence et la nature de l'homme ; le droit naturel revient à tout homme en tant qu'il est homme ; par conséquent, puisqu'est universel un droit qui revient à tout homme en tant qu'il est homme, tout droit naturel est universel ». Wolff précise que référer des individus différents à une même « essence » ou « nature », c'est dire qu'ils relèvent de la même

« espèce » ou du même « genre », et qu'on peut leur attribuer les mêmes « possibles ».

20) Et en ce sens il s'agit d'un droit que l'homme possède « par nature » : *Jus connatum homo natura habet* (§ 33).

21) Formey transcrit en substance la fin du § 33, qui, ayant pour fonction de démontrer que « c'est par nature que l'homme possède le droit qui est né avec lui », se clôt en ces termes : « Ainsi avons-nous par nature le droit de nous défendre, et il n'est pas besoin de chercher qui nous a accordé ce droit. Certes, nous montrerons ensuite que les droits que nous possédons par nature, doivent être référés à Dieu qui, comme auteur de la nature, nous les a donnés. Mais quand bien même (*etsi autem*) on ignorerait l'existence de Dieu, auteur de la nature et source de tout bien, on ne pourrait mettre en doute cependant ces droits naturels (*connata*), parce que nous les possédons par nature ». Wolff reprend ici une argumentation bien connue depuis Grotius et le Discours préliminaire (§ XII) de son *De jure belli ac pacis* (1625) : « Et du moins les choses que nous venons d'énoncer (= qu'il existe un droit naturel immuable, A.R.) auraient lieu en quelque manière, même si nous accordions (*etiamsi daremus*), ce qui ne peut se faire sans le plus grand des crimes, qu'il n'y a pas de Dieu, ou que les affaires humaines ne sont pas l'objet de ses soins : ce dont en partie la raison qui est en nous, en partie une tradition perpétuelle, nous persuadent du

contraire » (trad. Barbeyrac, *Le droit de la guerre et de la paix*, Amsterdam, 1724, repr. Bibliothèque de Philosophie politique et juridique, Caen, 1984, t. I, p. 10). Bref, le droit naturel peut bien « à juste titre être attribué à Dieu, parce que c'est lui-même qui a voulu que de tels principes existent en nous » : il reste qu'en tant qu'« il découle des principes internes de l'homme », ce droit naturel n'est pas un *droit* parce qu'il est ordonné par Dieu, mais parce qu'il est le droit *naturel* (*ibid.*). Sur les origines et la portée de l'argument *etiamsi daremus*, voir P. Haggenmacher, *Grotius et la théorie de la guerre juste*, P.U.F., 1983, p. 443 sqq.

22) Le *Jus naturae*, § 35, développe l'exemple : « Ainsi le droit des parents à l'égard des enfants dérive de l'obligation de les éduquer, qui n'est pas née avec nous, mais est contractée et suppose l'acte de la génération. C'est donc un droit acquis. » Le § 38 en déduit que le *jus acquisitum* est un droit singulier (*jus singulare*), puisqu'il n'est pas possédé par nature, en tant simplement que le sujet d'un tel droit est un homme, mais « pour une autre raison » qui est particulière à ce sujet (par exemple, le fait d'être père).

C) Sur le texte de Fichte.

23) La «Déduction du concept de droit» constitue la Première section de la *Grundlage des Naturrechts*, dont J.G. Fichte a publié la Première partie en 1796, et la seconde (Droit naturel appliqué) en 1797 (*Fichtes Werke*, 1845-1846, éd. par I.H. Fichte, t. III, et *Gesamtausgabe*, éd. par R. Lauth, Frommann Verlag, I, 3 et 4, 1966, 1970). Dans sa version intégrale, cette déduction, qui articule trois théorèmes, leurs démonstrations et leurs corollaires, occupe les p. 33-70 de la traduction citée et ici reproduite sans modification. On a retenu, pour le présent volume, les énoncés des trois théorèmes, la fin de la démonstration du troisième, et la mise en place des trois premiers corollaires dégagés de sa démonstration par Fichte.

24) Durant toute la déduction, cette expression, qui intervient pour désigner l'homme comme sujet de droit, est reprise de Kant, qui ne l'avait lui-même introduite que dans la deuxième édition de la *Critique de la raison pure* (1788) : contrairement à l'explication légendaire imaginée par Schopenhauer (Kant aurait voulu élargir au-delà de l'humanité le champ d'application de sa réflexion sur les limites de la raison, en y incluant les «chers petits anges», qui sont certes des êtres finis, mais dont la finitude ne se manifeste pas à travers les structures de leur sensibilité), il

s'agissait ainsi, comme l'a bien souligné Cassirer, de faire échapper la *Critique* à l'objection, que lui avaient adressée certains de ses premiers recenseurs, d'avoir confondu l'interrogation transcendantale et l'investigation psychologique ; pour mieux distinguer la question de droit posée à la connaissance et la question de fait (qui porterait, elle, sur la genèse de nos représentations), la deuxième édition substitue, notamment dans la *Déduction transcendantale*, l'être raisonnable fini à l'homme, marquant ainsi que le contenu de la *Critique* resterait vrai quand bien même abstraction serait faite de la nature empirique de l'homme, et que la finitude dont il s'agit dans la philosophie transcendantale se définit *a priori*, de manière structurelle, et non pas à l'aide d'observations anthropologiques. Fichte reprend l'expression pour marquer à la fois 1) la finitude intrinsèque de la subjectivité pratique, dont il s'agit dans la philosophie du droit (le sujet pratique, parce qu'il se représente un devoir-être, est par définition un être raisonnable *fini*), et 2) que le droit (dont la nécessité va se trouver fondée au terme de la déduction) n'est pas le produit de conditions empiriques, mais est présupposé par la structure même de la subjectivité finie.

25) Comme le suggère déjà l'énoncé même du théorème, la démonstration, ici laissée de côté, s'appuie sur cela même qui distingue l'être raisonnable, en tant que sujet ou Moi, de ces Non-Moi que sont les choses : la faculté de se poser soi-

même, autrement dit la conscience de soi (au sens où être conscient de soi consiste bien à se poser comme tel ou tel). Or, cette auto-position requiert par définition une activité capable de revenir sur elle-même, donc : de se réfléchir. Mais en cette réflexion sur soi-même qui est constitutive de sa subjectivité, le Moi ne voit pas son activité limitée par autre chose que lui-même : aussi la réflexion est-elle une activité libre et, si, selon la formule qui, en 1794, apparaît dès la première page des *Principes de la Doctrine de la Science* (tr. par A. Philonenko, *Œuvres choisies de Philosophie première*, Vrin, 2e éd., 1972, p. 17), «la réflexion est libre», l'être raisonnable fini qui est réflexion ne peut se poser lui-même comme tel (se réfléchir) sans s'attribuer une telle causalité libre, c'est-à-dire une causalité par liberté.

26) Le théorème 2 correspond à ce qu'il est convenu de désigner comme «déduction de l'intersubjectivité». On ne saurait comprendre le passage du premier au deuxième théorème sans souligner, là encore, ce qu'implique la désignation du sujet pratique comme «être raisonnable fini» : en tant qu'*être raisonnable* (= en tant que sujet, et non pas chose), l'être raisonnable fini ne peut se poser que comme liberté (théorème 1) ; mais en tant qu'être raisonnable *fini*, il ne peut se poser lui-même sans concevoir cette liberté comme une activité que vient *limiter* une altérité, celle du monde ou, dans le langage de Fichte, du Non-Moi. Bref, le sujet ne peut se poser comme tel (comme

liberté) sans poser aussi un Non-Moi comme limitant de l'extérieur son activité. Qu'il ne puisse ainsi y avoir conscience de soi (autoposition) sans limitation de l'activité d'autoposition, permet déjà d'entrevoir pourquoi le concept de droit va intervenir dans le cadre de cette réflexion, et cela pour donner un nom à cette liberté qui doit se poser elle-même comme limitée. Tout le nerf de la démonstration du théorème 2 va consister en effet à faire apparaître que, si le Moi (même fini) doit demeurer un Moi (donc un sujet), il faut que la limitation de sa libre causalité n'en implique pas la suppression : en d'autres termes, il faut que l'activité libre du sujet fini puisse être telle qu'à la fois elle soit limitée (par la reconnaissance d'un Non-Moi) et cependant demeure une activité libre. La solution de ce problème, on le perçoit déjà et on l'explicitera dans le commentaire, ne pourra se situer que dans le recours à l'idée d'une liberté qui se donne à elle-même sa limite, – et c'est bien évidemment cette notion d'*auto-limitation* qui va conduire vers le concept de droit.

27) Le « fait » (*Factum*) dont il s'agit est la conscience de soi, dont Fichte rappelle plus haut (tr. citée, p. 61) que tout ce qui est mis en évidence, au fil de la déduction, comme étant nécessaire, l'est à titre de l'une de ses « conditions de possibilité ».

28) Il faut évidemment comprendre : je me suis déterminé, c'est-à-dire défini (*bestimmt*), comme tel ou tel, en l'occurrence comme libre.

29) En ce sens, sa liberté est, en même temps que sa déterminité (*Bestimmtheit*), sa destination (*Bestimmung*) ; elle n'est même à vrai dire sa déterminité qu'en tant qu'elle est sa destination.

30) Et dès lors, si, de même que je ne peux me poser moi-même comme individu qu'en exigeant de l'autre qu'il me reconnaisse, l'autre ne peut s'affirmer comme individu qu'en m'invitant à le reconnaître, la reconnaissance réciproque, donc la relation intersubjective elle-même, est condition de l'individualité. Par là même se trouve condamnée toute conception solipsiste du sujet, comme c'était déjà le cas en 1794 dans les *Principes de la Doctrine de la Science* : « Pas de Toi, pas de Moi, pas de Moi, pas de Toi » (*Œuvres choisies de Philosophie première*, p. 83).

31) Exigeant de lui, non seulement qu'il limite sa liberté, mais de la « cohérence », j'exige aussi qu'il soit à la fois fini et raisonnable (voir aussi, dans l'alinéa suivant, l'insistance sur la « conséquence »), donc un être raisonnable fini, c'est-à-dire un sujet : c'est ainsi l'intersubjectivité qui requiert la subjectivité.

32) On comprend maintenant, au terme de la déduction, en quel sens il s'est agi ici de *déduire* le concept de droit. A l'évidence, il n'était nullement question pour Fichte de déduire le droit, *au sens d'une dérivation logique*, à partir de l'individualité, puisqu'au contraire il apparaît que le droit constitue à ses yeux la condition de possibilité de

l'existence d'un quelconque Moi se posant comme tel : si l'on entend par déduction une dérivation logique de conséquences à partir d'un principe, c'est bien davantage le Moi lui-même qui se déduit de la relation juridique. En réalité, la déduction qui s'achève a déduit le concept de droit au sens de ce que Kant nommait, dans la *Critique de la Raison pure* (2e éd., § 26), la «déduction métaphysique d'un concept», c'est-à-dire sa mise en rapport avec une opération constitutive de l'esprit humain : là où la déduction métaphysique des catégories de l'entendement pur consistait à en dériver la table à partir de celle des fonctions logiques de l'entendement dans les jugements, la présente déduction métaphysique du concept de droit a établi qu'il correspond à un acte nécessaire du sujet, sans lequel le sujet ne serait pas proprement un sujet, c'est-à-dire une conscience de soi, à savoir *l'acte qui pose la libre causalité réciproque des êtres raisonnables finis.*

33) Proposition qui n'infirme nullement la précision fournie dans la note précédente. Les premières pages du *Fondement du droit naturel* (tr. citée, p. 17-20) sont en effet consacrées à indiquer brièvement, mais assez techniquement, ce qu'est un concept, à savoir la dénomination d'une activité de la conscience, d'un «acte du Moi» : définition qui n'est déconcertante qu'en apparence, tant il est vrai qu'il appartient à la logique d'une philosophie estimant impossible toute sortie hors des limites de la subjectivité de

cerner une représentation conceptuelle, non à partir de sa relation à l'objet compris comme chose en soi, mais à partir d'un acte spécifique du Moi. En ce sens, le concept de l'individu dont est déduite la relation juridique, c'est l'acte de reconnaissance intersubjectif.

34) Ce pourquoi il fallait partir de l'homme comme «être raisonnable fini», et non comme existence empirique. La réapparition de cette notion, dans ce premier corollaire, n'est donc nullement le fait du hasard, – comme le souligne encore, si besoin était, l'insistance de Fichte sur le fait que le concept de droit n'est pas le produit de circonstances contingentes.

35) Les modalités de la déduction imposent de penser le droit indépendamment de la loi morale et de la bonne volonté : pour concevoir la soumission à la règle du droit, on ne saurait recourir à la conscience morale, puisque celle-ci suppose la conscience et que la possibilité même de la conscience renvoie à l'existence d'une communauté juridique entre des êtres raisonnables finis. La loi juridique, à l'encontre de ce que les disciples de Kant, héritiers en cela de la tradition jusnaturaliste, avaient conçu jusqu'alors (notamment Hufeland, dans ses *Lehrsätze des Naturrechts*, 1790, et Schmid, dans son *Grundriss Naturrechts*, 1795), ne pourra donc être conçue comme une conséquence de l'obligation morale, et, plus généralement, la philosophie du droit devra être autonome par rapport à l'éthique.

Alors que Hufeland, en fidélité parfaite avec des conceptions que Wolff avait synthétisées, écrivait que « chacun a un droit de vouloir tout ce qu'il ne faut pas considérer comme interdit par des lois (morales) dont la validité est universelle » (§ 92), Fichte tient pour acquis, en 1796, que « la bonne volonté n'a rien à faire dans le domaine du droit naturel » et que « le droit doit pouvoir être imposé par la contrainte *même si* aucun homme n'avait une bonne volonté » (*Fondement du droit naturel*, tr. citée, p. 69).

36) Conception restrictive de l'extension du concept de droit : puisque « c'est seulement dans la mesure où des êtres raisonnables peuvent se trouver réellement en relation les uns avec les autres (...), qu'entre eux la question du droit est possible », il ne saurait y avoir de sens à parler le langage du droit là où il ne s'agit pas d'une relation entre des libertés, – et en ce sens, pas plus que d'un droit des animaux, on ne peut traiter avec rigueur des « droits que détiendraient sur les vivants ceux qui sont morts depuis longtemps. On peut bien avoir, à l'égard de leur souvenir, des devoirs de conscience, mais nullement des obligations juridiques perpétuelles » (*Fondement du droit naturel*, p. 70). Mise au point fichtéenne qui, parallèle au demeurant à celle de Kant dans la *Doctrine du droit*, en dit long sur la profondeur philosophique de notions comme celles du « droit de la nature » ou du « droit des animaux », devenues aujourd'hui si usuelles.

Commentaires

A) Sur le texte d'Aristote :

Aux yeux des auteurs qui, comme L. Strauss ou M. Villey, ont tenté de réactiver, contre les éventuelles dérives du droit moderne, la philosophie juridique classique, la conception antique du droit présente, pour l'essentiel, deux avantages que l'on pourrait apercevoir avec une netteté toute particulière chez Aristote.

La conception aristotélicienne du droit, dont l'héritage, par la médiation du droit romain, se retrouvera jusque chez saint Thomas, aurait évité tout d'abord de commettre cette confusion du droit et de la morale à la faveur de laquelle, chez les Modernes, le discours juridique s'est trouvé identifié à un ensemble de règles de conduite, prescriptives, impératives, déontiques, – comme si la question du droit avait quelque chose à voir avec celle, morale, de la direction des existences individuelles.

Le livre V de l'*Ethique à Nicomaque* s'ouvre en effet par une analyse de l'équivoque linguistique confondant sous le même terme de juste (δίκαιον) l'aptitude à accomplir des actions justes (morales) et le fait d'être «conforme à la loi», c'est-à-dire de ne pas prendre plus que son dû : face à cette homonymie, Aristote propose de distinguer avec soin la justice comme vertu (ou justice générale), autrement dit la moralité, et la justice particulière, qui vise le droit et cherche à faire en sorte que «chacun ait le sien». Dans les deux registres, éthique et juridique, le juste se définit bien par le juste milieu : la vertu est juste milieu dans le sujet (ainsi en est-il, par exemple, du courage, juste milieu entre la témérité et la couardise), tandis qu'au plan juridique le juste milieu se situe dans les choses distribuées, *in re*, écrira, en suivant Aristote, saint Thomas, – chacun devant obtenir la part (d'honneur, d'impôts, de charges, etc.) qui lui revient. Mais, certes fille de l'idée de justice morale comme juste milieu, l'idée du droit s'en détache dans la mesure où la morale se soucie de la vertu de l'individu (auquel elle prescrit des règles de conduite), cependant que l'affaire du droit n'est nullement que l'individu soit juste : le juriste a seulement à rechercher que chacun obtienne ce qui lui est dû, donc que le juste (δίκαιον) règne, – ce qui n'implique aucunement que l'individu soit (moralement) juste (δίκαιος). Autrement dit : le droit porte sur le caractère objectif de l'acte, la morale sur les intentions subjectives. Assurément existe-t-il donc un rapport entre droit et morale (le juriste indique au moraliste ce que l'intention doit poursuivre), mais sans confusion des deux registres : 1. je peux faire le juste sans être moi-même juste, ou être juste sans agir justement (par exemple sous la contrainte) ; 2. le droit se soucie que le juste soit accompli et laisse à la morale l'examen des mobiles et des motifs.

Objectif, le droit classique l'est aussi en un autre sens, où les partisans d'un retour à Aristote voient le deuxième élément qui assurerait à une telle conception sa supériorité sur celle des Modernes : c'est ici la nature, et non pas la raison ou la volonté humaines, qui est la source du juste, en fixant, pour chaque réalité, la place qui, en vertu de sa nature, lui revient (et qui définit donc sa fin) dans l'ordre du monde. *Naturel* ou *objectif*, le droit, ainsi conçu, est donc aussi transcendant, au sens d'une transcendance finale, puisque la nature est ici une fin ou une destination, ce que chaque chose a à être pour réaliser son essence. En conséquence, contrairement à une vision du droit que le rationalisme juridique moderne a tenté d'imposer en ne concevant de droit naturel qu'immuable et universel, comme peuvent l'être des principes tirés de la raison pure, le droit objectif, chez Aristote, parce que naturel, était par essence aussi changeant que peut être changeante la nature en sa soumission à la κίνησις En ce sens, M. Villey n'hésite pas à attribuer à Aristote et à saint

Thomas une forme de «relativisme» juridique, où il voit, par rapport au droit moderne, un très profond avantage du droit naturel classique, qui savait n'être «pas fait de maximes générales abstraites, mais de rapports juridiques concrets, appropriés aux circonstances, proches des besoins de la pratique» (*Questions de saint Thomas sur le droit et la politique*, P.U.F., 1987, p. 148).

Que penser des mérites ainsi attribués au *droit objectif*, vis-à-vis de l'idée moderne d'un *droit subjectif* dont nous verrons, sur l'exemple de Wolff, comment il serait au contraire tiré de l'être même du sujet, de son essence, de sa nature, et définirait pour ce sujet des possibilités d'agir? Si l'expérience juridique contient en elle la perspective d'un appel au droit contre le fait, force est de convenir que c'est sans doute dans sa capacité de donner une réelle consistance à cette dimension intrinsèquement *critique* du concept de droit qu'il est possible de mesurer, en ce domaine, la véritable fécondité d'une quelconque interrogation philosophique. Or, à cet égard, il faut mettre au crédit d'Aristote une tentative résolue pour refuser de réduire le droit à la positivité des lois, à la faveur – comme dans la philosophie ultérieure du droit, mais selon des modalités différentes de celles qu'exploiteront les Modernes – d'une réflexion sur la distinction entre droit positif et droit naturel : c'est de cette réflexion que témoigne le présent chapitre du livre V de l'*Ethique à Nicomaque*.

On ne comprendrait pas la portée historique de cette réflexion sans se remémorer quelle transformation avait connue, dans la Grèce du siècle précédent, la représentation du droit. Pour le Ve siècle, le règne de la loi était apparu comme un refuge possible contre les aléas du monde naturel. Cependant, à la même époque, les «physiciens» ioniens décrivaient la nature comme un ordre rationnel que l'homme devait découvrir pour ensuite y conformer ses actions : revalorisation de la φύσις donc, mais qui se traduisit, fort logiquement, par un abaissement de la dignité de la loi. Car cette dernière, tenue jusqu'ici pour le correctif d'une nature mauvaise, ne pouvait désormais apparaître, vis-à-vis d'une nature rationnelle, que comme artificielle et arbitraire. Et, de fait, sait-on, ne serait-ce qu'à travers le Calliclès mis en scène par Platon dans le *Gorgias*, comment les Sophistes en vinrent à opposer φύσισ et νόμος, et à réduire la loi à une pure convention venant s'ajouter à la nature pour, trop souvent, la contredire en annulant, au bénéfice des faibles, la domination naturelle des forts. Ainsi la sophistique s'est-elle déjà efforcée, à sa manière, de tirer de la nature un droit «naturel» et des lois «naturelles» (c'est-à-dire «non écrites»), susceptibles d'être opposés au droit positif et aux lois écrites.

Chacun selon ses options philosophiques propres, Platon et Aristote s'efforcèrent de répondre à cet assaut lancé contre la loi. Pour surmonter l'opposition mise en avant par les Sophistes entre nature et loi, Platon distingua de la nature sensible une autre nature, celle de l'ordre intelligible que la loi positive doit chercher à exprimer : s'opposer à la loi positive *comme telle* (et non pas simplement à ses imperfections), c'était dès lors s'opposer aussi à la nature. Pour des raisons aussi transparentes que profondes, Aristote ne pouvait songer à une réconciliation de la nature et de la loi qui, conçue sur ce mode, avait pour soubassement philosophique l'ontologie des idées, dont le livre A de la *Métaphysique* montre dans quelles apories elle enferme la réflexion. Aussi est-ce à la faveur d'une tout autre réélaboration de la notion de la nature que s'est mise en place, chez lui, une parade à la subversion sophistique de la loi.

On sait comment, conçue selon les schèmes aristotéliciens, la nature est faite de matière et de forme, et comment la matière ne peut devenir proprement φύσις qu'en se subordonnant à ce principe d'organisation immanent que devient ici l'εἶδος, à la fois cause formelle et cause finale (τέλος) de ce qui, à travers cette organisation eidétique de la matière, vient à exister comme une nature. En ce sens, la nature, qui n'est jamais, en raison de la résistance de la matière, parfaitement assurée de parvenir à ses fins, acquiert le caractère d'une norme : elle se doit penser, pour ainsi dire, comme une tendance qui cherche à se réaliser dans le particulier et à exploiter au mieux les matériaux disponibles, – la norme se situant très exactement dans cette meilleure réalisation possible de la nature.

Cette appréhension de la φύσις ne pouvait que retentir directement sur la conception des rapports entre nature et loi, et nourrir une tentative pour sauver le droit positif des attaques portées contre lui au nom de la nature par les Sophistes : c'est une telle tentative que développent les lignes du chapitre X du livre V de l'*Ethique à Nicomaque* qui ont été proposées à la lecture.

Le chapitre s'est ouvert par une distinction entre le juste au sens absolu et le juste politique (1134 a 24) qui nous reconduit devant la nécessité de ne pas confondre droit et morale. Dans les chapitres qui précèdent, Aristote a défini la justice absolue, entendue au sens *moral* de la vertu de justice, comme une disposition à défendre le règne de l'égalité dans les rapports inter- humains. Je ne rappellerai pas en détail comment cette égalité signifie en fait, aux yeux d'Aristote, une moyenne, géométrique ou proportionnelle quand il s'agit de la justice distributive, arithmétique dans le cas de la justice commutative : en tout cas s'agit-il à ce niveau d'une déterminité universelle de la justice (puisque le « juste » procède d'un calcul appliquant partout et toujours les mêmes règles) et est-il clair que cette justice absolue correspond à ce que Platon avait désigné dans le *Gorgias* comme le juste par nature. Aussi pourrait-on penser que le juste politique, qui fait couple avec la justice absolue, c'est-à-dire avec le juste naturel, va correspondre au droit positif. Pourtant, la mise au point que nous examinons s'ouvre, concernant le juste politique, par une indication bien différente qui exprime une importante refonte de l'idée même du droit naturel.

« Le juste politique est en partie naturel, en partie légal » (1134 b 18) : la distinction entre droit naturel et légalité (ou droit positif) passerait donc à l'intérieur même du juste politique, soit : à l'intérieur de la législation. Mais si l'on doit ainsi reconnaître la présence de la nature au sein de la législation, quelle signification donner à cette nouvelle distinction du naturel et du légal ? Aristote l'indique aussitôt (1134 b 22) : naturel sera ce qui a partout le même pouvoir, et légal ce qui, posé par convention, particularise la justice naturelle. Empruntons un exemple au commentaire de P. Aubenque : s'il est conforme au juste naturel de payer des impôts, il dépend du juste légal qu'en soit fixé le montant, d'une manière qui varie selon les pays et selon les époques. Au sein du juste politique, la division entre naturel et légal relève donc d'une différence dans le degré de généralité, au sens où, pour prendre corps, le juste politique naturel doit être particularisé sous la forme de dispositions législatives (les lois et les décrets) : en ce sens, le droit positif constitue l'indipensable accomplissement du droit naturel. Avant de préciser la portée de cette relation entre droit naturel et légalité, il faut noter une objection qu'Aristote se fait à lui-même (1134 b 23) : si le droit naturel se définit par son universalité, peut-on vraiment, dans le champ juridique, repérer la moindre dimension de «naturalité», alors que les lois ne cessent de varier historiquement et géographiquement, au point de suggérer bien plutôt l'idée d'une pure relativité du droit ? Auquel cas, scindé à nouveau de la nature comme norme, le droit positif ne risquerait-il, paradoxalement, de se voir retirer toute crédibilité («plaisante justice qu'une rivière borne !») par un raisonnement qui prétendait en pourtant défendre la consistance ?

Objection redoutable, qui assurerait la victoire des Sophistes et qui impose par conséquent à Aristote d'approfondir un critère de distinction encore trop approximatif entre naturel et légal : «Il n'en est pas ainsi, sinon d'une certaine façon», précise-t-il en suggérant que la présentation fournie jusqu'ici, celle de l'opinion commune, était seulement en partie juste. Certes la nature divine est immuable et la nature physique est partout la même : « le feu brûle aussi bien ici que chez les Perses ». Mais l'opinion commune n'a pas pris garde qu'il n'en va pas de même pour la nature humaine, beaucoup plus diverse et grevée de contingence. Aussi faut-il admettre que, dans la sphère de l'humain, l'universalité n'est pas, en toute rigueur, le critère de la naturalité, et que pas davantage la variabilité n'est l'indice le plus certain d'une rupture avec la nature, – ce qu'a justement pour fonction de suggérer l'exemple de la main : « bien que, par nature, ce soit la main droite qui possède le plus de force, il est cependant toujours possible de devenir ambidextre », et si tous les hommes étaient éduqués à se servir indifféremment de leurs deux mains, la propriété en question deviendrait universelle sans être pour autant « naturelle ».

On perçoit sans peine la conséquence de ce rappel à ce qui caractérise notre nature : le droit naturel authentique ne peut qu'épouser cette variabilité de l'humain, et si la variabilité des lois ne nous dit rien de leur artificialité, ce serait au contraire le projet même d'imposer des lois universelles qui ferait violence à la nature et témoignerait d'un véritable artificialisme. La perspective s'impose ainsi d'une indispensable adaptation de la législation au peuple qu'elle doit régir : «Les choses qui ne sont pas naturellement, mais humainement justes, ne sont pas partout les mêmes, puisque les constitutions politiques elles-mêmes ne le sont pas, bien qu'une seule constitution soit partout à chaque fois la meilleure suivant la nature».

Comme la note 8 l'explique, je crois judicieux de suivre ici la traduction proposée par P. Aubenque dans son article de 1980 sur la loi chez Aristote, en entendant donc l'adverbe πανταχοῦ de façon distributive : la meilleure constitution est à chaque fois (= partout) celle qui est la plus adéquate à la nature du pays et à celle de ses habitants, – remarque qui, de fait, évoque davantage Montesquieu que des auteurs aussi épris d'universalité que Rousseau ou Kant.

Le texte ainsi clarifié, comment apprécier cette redéfinition aristotélicienne du naturel ? Explicitons-en d'abord la portée : si le droit naturel est lui-même variable et épouse la diversité de la nature, il ne s'oppose plus au droit positif comme le général au particulier. Aristote y insiste (1134 b 32) : droit naturel et droit positif sont «l'un et l'autre variables», mais sur deux modes différents, – le vértable critère de la distinction tenant alors, très précisément, à leurs modalités respectives de variation : alors que les variations du droit naturel sont nécessaires dans leur contenu

comme dans leur forme, celles du droit positif ne
le sont que dans leur forme, leur contenu demeurant contingent et ne se laissant déduire d'aucun
principe. Dit autrement, il est nécessaire qu'il y ait
du droit positif, mais non pas telle ou telle
disposition inscrite dans le droit positif d'une
communauté donnée à une époque donnée, – ce
qu'illustre la comparaison avec les unités de
mesure, plus grandes chez le grossiste que chez le
détaillant, où il faut comprendre (voir la note 7)
que la différence, imposée par l'usage, entre les
deux types d'unité (par exemple, à notre époque,
la tonne et le kilogramme) n'exclut pas leur
convertibilité : la variabilité des législations, qui
est du même type que celle des unités de mesure,
n'interdit nullement de considérer les divers
systèmes de droit positif comme les traductions
multiples, dans les différentes langues que sont les
codes institués, d'un texte juridique unique, quand
bien même un tel proto-texte n'existerait nulle
part. Plus précisément, – et l'on ne peut que sous-
crire à cette présentation de la thèse d'Aristote :

« Il n'y a pas de texte juridique qui serait
l'archétype de ses traductions, il n'y a de commun
entre les droits positifs que leur traductibilité :
non leur communauté abstraite, mais leur commu-
nicabilité. La convertibilité entre eux des droits
positifs est le droit naturel » (P. Aubenque, *op.
cit.*, p. 155).

Parmi les variations du droit, la part de ce qui est nécessaire (et relève du droit naturel) et celle de ce qui contingent (et relève du droit positif) se distribuent donc avec netteté : s'il est nécessaire qu'il y ait traduction, il reste contingent qu'en passant d'une langue à une autre tel mot trouve tel équivalent ; de même, si les règles du droit sont arbitraires, il est nécessaire qu'il y ait des règles pour assurer, selon des modalités variant dans le temps et dans l'espace, un même principe, à savoir celui de l'égalité (au sens rappelé plus haut) dans les rapports humains.

Chacun accordera sans peine qu'une telle idée du droit naturel confère au concept du droit, dont, nous l'avons vu, la référence à une notion méta-positive du juste est une dimension constitutive, une consistance impressionnante. Faut-il pourtant se convaincre qu'il n'est pas d'autre voie que de ressourcer aujourd'hui la réflexion juridique à l'apport aristotélicien pour résister aux menaces qu'à certains égards la configuration contemporaine de la réflexion fait peser sur le concept de droit ? Chacun selon son style propre, des auteurs comme L. Strauss, M. Villey, A. MacIntyre ont plaidé ou plaident encore en faveur d'un tel « retour à Aristote » (pour une analyse détaillée de ces positions, voir A. Renaut et L. Sosoé, *Philosophie du droit*, Première section). Au demeurant comprend-on fort bien quels avantages est susceptible d'offrir aujourd'hui une pensée du droit qui serait capable d'échapper au positivisme juridique (puisqu'elle ne réduit pas le droit à la législation) sans céder pour autant à cet universalisme abstrait des Modernes devenu si difficile à assumer par une conscience contemporaine, accoutumée à tout envisager sous l'espèce de l'historicité et de la relativité. Afin d'attirer pourtant l'attention sur ce que la décision de ressourcer à Aristote la conception du droit peut avoir à mes yeux de problématique, j'aimerais proposer, en guise de conclusion à ce premier commentaire, une brève observation sur ce qu'impliquerait un tel ressourcement.

Au terme de l'article dont j'ai suivi ici un certain nombre de suggestions ingénieuses, P. Aubenque, qui souligne avec satisfaction cet anti-universalisme du droit naturel aristotélicien, exprime pourtant une réserve que je crois significative : « Aristote ne se demande jamais si l'inégalité entre les hommes, si naturelle soit-elle, est compatible avec les valeurs que l'homme porte en lui » ; en ce sens, ajoute-t-il, « je serais porté à admettre que les théories modernes du droit naturel, des *droits de l'homme* – cet homme fût-il intemporel et abstrait – représentent, quoi que l'on ait pu dire contre elles, un progrès par rapport au *jusnaturalisme* aristotélicien ». Bref, malgré leur universalisme supposé impossible à assumer aujourd'hui, les théories modernes du droit naturel auraient véhiculé avec elles, en matière d'égalité, des exigences par rapport auxquelles les thèses d'Aristote seraient désormais inacceptables. Plus profondément encore, si l'on dépasse la douloureuse question de l'esclavage et de sa justification par Aristote, à laquelle il est ainsi fait allusion, toute la difficulté est de savoir si une philosophie du type de celle d'Aristote est réellement capable de fournir en matière de droit une norme transcendant la positivité du réel : là où c'est la nature, au sens aristotélicien, qui est norme, «le fait que cette norme soit immanente, trop proche de la réalité qu'elle a à régir, l'empêche d'être un instrument suffisamment souverain de critique». Objection certes rituelle, mais dont il est significatif que l'un de nos meilleurs spécialistes de l'aristotélisme puisse la reprendre à son compte en établissant, quant à la suppression de la transcendance de la norme, un parallèle entre Aristote et chez Hegel :

«Abandonnée à elle-même et à son propre développement immanent, la nature a, pourrait-on dire, bon dos et justifie à la limite tout ce qui est suffisamment enraciné dans les mœurs, dans ce que Hegel appellera la *Sittlichkeit*, la moralité concrète. Le rapprochement avec Hegel n'est pas ici fortuit. Comprendre ce qui est, saisir à chaque fois ce qu'il y a de rationnel (Aristote dirait : de naturel) dans le réel, c'est s'exposer à justifier ce qu'une morale plus dégagée des contingences n'hésiterait pas à condamner ».

Bref, ce serait dans l'exacte mesure où, chez Aristote, le droit naturel est découvert en la nature, où sont supposées exister des inégalités entre les hommes (donc des inégalités naturelles), qu'il aurait été impossible à une telle philosophie de se demander si la véritable fonction du droit n'est pas de venir corriger la réalité au nom d'un idéal transcendant. En ce sens, la justification d'un dispositif comme celui de l'esclavage appartiendrait par essence au type de fondation du droit qu'a pratiqué Aristote, – lequel interdirait de faire fonctionner le droit – *et ce parce qu'il se trouve inscrit dans la nature elle-même* – comme une instance critique permettant de corriger et de rectifier cette nature. Par sa structure même, cette philosophie naturaliste du droit tend en effet à faire du droit naturel, non une norme susceptible d'être opposée à la positivité, mais la légitimitation d'au moins une figure de la positivité : celle de l'ordre naturel (hiérarchique) du monde. Observation par elle-même ruineuse, je le crains, quant à la possibilité de songer aujourd'hui, en philosophie juridique, à un retour à Aristote, non pas seulement parce que les implications (inégalitaires) de cette fondation naturaliste du droit heurtent les valeurs de notre conscience démocratique, mais parce qu'une telle fondation contenait déjà en elle le risque d'une dissolution de l'idée même de droit dans sa distinction d'avec le fait.

Au demeurant, le raprochement entre la conception aristotélicienne du droit et la représentation hégélienne d'une rationalité immanente au réel se pourrait-il fortement étayer à partir d'un examen plus poussé de la structure du naturalisme juridique. Car on peut se demander si le jusnaturalisme d'Aristote n'est pas déjà engagé, structurellement, dans les ornières qui conduisirent les Modernes à la négation historiciste de l'idée de droit comme norme transcendante. Brièvement dit : c'est ici le mouvement même de la nature qui accomplit ce qu'on appelle norme, – et, laissée à elle-même, la nature réalise ses fins, selon son propre développement immanent, dont le droit (naturel) n'est au fond que l'instrument. Dans ces conditions, non seulement la nature acquiert une valeur sacrée qui permet de tout justifier, pourvu que ce soit « naturel » ; mais en outre la structure théorique sous-jacente à cette conception du droit évoque singulièrement ce qui s'exprimera chez Hegel sous la forme d'une théorie de la « ruse de la raison », – à cette différence près (et, bien évidemment, elle n'est pas négligeable) qu'il s'agit ici d'une « ruse de la nature ». Et comment ne pas apercevoir, dès lors, que le naturalisme classique contient en germe des difficultés analogues à celles qu'explicitera l'historicisme moderne ? D'ores et déjà, chez Aristote, il n'existe pas de vraie séparation entre le réel et l'idéal, ou, si l'on préfère, entre le fait et la norme, puisque c'est le mouvement même du réel (naturel) qui réalise la norme. La logique du fait (naturel) est l'accomplissement même de la norme, et le droit n'est que l'instrument dont se sert la nature pour réaliser la plus grande perfection possible : ainsi la transcendance de l'être en acte sur l'être en puissance qui tend *naturellement* vers ce en quoi son essence s'accomplit n'est-elle qu'une transcendance relative, incapable par elle-même de faire échapper le droit au simple auto-déploiement du réel. Qu'il y ait, dans le monde sublunaire, de la contingence et qu'en raison de cette contingence, la marche de la puissance vers l'entéléchie puisse se trouver arrêtée ne change à vrai dire rien à l'affaire : il reste en effet que, de la puissance à l'acte, la transition (où se réalise le juste) est inscrite dans la logique immanente à l'être naturel accomplissant sa fin, et que l'on ne saurait se réclamer des ratées de cette logique (qui correspondent à la genèse de ce que la physique aristotélicienne désigne comme des « monstres ») pour fonder la fonction normative de l'idée de droit sur une autre transcendance que celle, bien près de se diluer en une pure immanence, de l'entéléchie sur la puissance.

B) *Sur le texte de Wolff :*

La philosophie de Wolff (1679-1754) a eu, on l'ignore trop souvent, une influence considérable sur son temps, et notamment sur les Lumières françaises. On peut même considérer que le système de Wolff (d'inspiration leibnizienne) a dominé pendant plusieurs décennies, au milieu du XVIIIᵉ siècle, la philosophie et le droit naturel dans toute l'Europe occidentale. Notamment, Wolff et ses disciples ont formé les élites allemandes jusqu'au début du XIXᵉ siècle : des générations de juristes, dans presque toutes les universités protestantes et surtout catholiques d'Allemagne, furent formées au contact du système wolffien ; Herder, Goethe, Lessing, Humboldt, Kant ou Hegel n'échappèrent pas à cette profonde imprégnation, et même Kant et Hegel eurent ainsi dans leur formation un très important apport wolffien, dont témoigne, entre autres, la manière dont les œuvres de Kant citent 127 fois Wolff.

Diffusion étonnante qu'explique en partie le fait que, sur le plan juridico-politique, le wolfisme, reprenant les acquis de l'école du droit naturel, rattachait explicitement la morale et le droit aux autorités de la Raison et de Dieu : contre l'absolutisme, Wolff offrait la perspective séduisante d'un droit et d'une morale fondés hors du pouvoir temporel, contribuant ainsi à la formation de thèmes qui allaient se répandre dans toute l'Europe occidentale durant la seconde moitié du XVIIIe siècle.

En France, Wolff fut introduit sans tarder grâce aux traductions ou aux abrégés de Formey et de l'Abbé Deschamps (voir note 9). La marquise du Châtelet devait même publier, en 1740, des *Institutions physiques* présentées par elle comme «une philosophie entière dans le goût de M. Wolff, mais avec une sauce française». On sait quel rôle jouèrent également, dans ce processus d'imprégnation, trois célèbres jurisconsultes suisses de langue française, qui adaptèrent les idées de Wolff: Barbeyrac, Vattel et Burlamaqui. Rien d'étonnant, par conséquent, si les articles de l'*Encyclopédie* se réfèrent très souvent, directement ou non, aux thèses wolffiennes. Par l'intermédiaire de Wolff, dont la réflexion juridique n'est pas, il faut l'avouer, spécialement originale, mais synthétise de façon frappante ce qu'avait apporté l'école du droit naturel depuis Grotius, c'est ainsi toute la tradition jusnaturaliste que, quelques décennies avant la Déclaration des droits de l'homme de 1789, s'intégrait, tant bien que mal, l'*intelligentsia* française.

Ce n'est pas ici le lieu d'examiner dans le détail comment cette intégration a en fait été fort

sélective et a, en général, coupé de leurs fonda-
tions spéculatives les acquis juridiques de l'école
jusnaturaliste. Du moins est-il frappant que l'universalité des droits de l'homme, si solennellement
proclamée par les Français quelques années plus
tard, se trouvait déjà non seulement affirmée par
Wolff, mais se voyait chez lui expressément
déduite d'un vaste effort pour définir conceptuel-
lement le droit.

Les *Principes du droit de la nature et des gens*,
où Formey a résumé la substance des grands
traités juridiques de Wolff, articulent en effet avec
clarté, dans le passage qui a été retenu, les
principaux éléments constitutifs de la pensée des
droits de l'homme dans toute la tradition jusnaturaliste moderne. De ce fait, le commentaire se
proposera deux objectifs : d'une part, mettre en
relief cette articulation de manière à faire ressor-
tir dans quelle réponse à la question « qu'est-ce
que le droit ? » s'enracine cet universalisme
abstrait qui caractérise le jusnaturalisme moderne
et dont nous avons ci-dessus souligné l'absence
dans le droit naturel aristotélicien ; d'autre part,
faire apparaître à quelles objections le concept du
droit ainsi mis en place pourrait désormais se
heurter dans le contexte d'une réflexion juridique
et philosophique plus contemporaine.

La déduction wolffienne du droit naturel, qui
cherche à déterminer quelles actions un homme a

le droit d'accomplir sans nier sa propre essence, se voit assigner sa fonction par le projet global où elle s'inscrit, à savoir celui-là même d'une «philosophie pratique». La partie «pratique» de la philosophie énonce «les principes généraux qui doivent diriger les actions libres»: dans ce cadre, il revient au droit naturel, comme «philosophie pratique générale», de «séparer les unes des autres les actions bonnes et les actions mauvaises», et donc d'«exposer le critère des actions libres» telles qu'elles seront ensuite spécifiées dans les domaines individuels (éthique), domestique (économie) et collectif (politique) (*Philosophia practica*, I, § 3-6). Quatre moments sont requis par cette déduction, auxquels correspondent négativement les quatre critiques les plus rituelles de la conception du droit développée par l'école moderne du droit naturel:

1. Wolff, qui tient que le droit naturel «a sa raison suffisante dans l'essence et la nature de l'homme» (*Philosophia practica*, § 161), part d'une définition *a priori* de la nature, au demeurant double, de l'homme: d'après la «nature commune» (aux hommes et aux animaux), l'homme est un être dont les actions sont «naturelles», c'est-à-dire déterminées par des causes naturelles antécédentes, donc mécaniques; en revanche, quant à sa «nature propre», il est un être dont les actions sont libres, c'est-à-dire

déterminées par des causes finales et supposant la considération rationnelle des fins : bref, l'homme est un être pourvu de raison. Au regard de certaines exigences plus contemporaines de la pensée, un tel point de départ (dont témoigne, dans notre texte, la référence accentuée des trois premiers alinéas à ce qui appartient à «tout homme, par-là même qu'il est homme», donc à «la nature et l'essence de l'homme») peut apparaître hypothéquer déjà lourdement, on s'en doute, une conception du droit rationnellement déduite, au sens d'une pure dérivation logique, d'une définition de cette «nature humaine» : la notion d'une telle «nature» a été si vivement mise en cause, depuis plusieurs décennies, tant du côté des philosophes que du côté des sciences sociales, qu'il est permis de se demander, dès l'abord, dans quelle mesure l'adoption d'une telle démarche, caractéristique d'une conception du droit comme *droit subjectif*, ne relève pas de ce que d'aucuns désigneraient, dans la postérité de M. Foucault, comme une *épistémè* périmée.

2. C'est en tout cas sur la base de cette détermination d'une nature humaine que le deuxième moment de la déduction wolffienne en vient à considérer, juste avant que ne commence le passage retenu, la «loi de la nature» (*lex naturae*) (*Principes*, I, p. 29) : en vertu de cette loi pour ainsi dire structurelle et perfective (*Jus naturae*,

§ 68), l'homme, comme tout être vivant, recherche les actions où sa nature tend vers sa perfection (entéléchie) et fuit celles qui empêcheraient sa nature de s'accomplir pleinement. Wolff nommant « bonheur », selon un usage d'origine aristotélicienne et de pratique leibnizienne, l'atteinte de la perfection (c'est-à-dire la réalisation de l'essence), la loi naturelle qui régit les actions de tous les vivants les pousse donc à rechercher le bonheur (*Principes*, I, p. 21), – la seule différence entre l'animal et l'homme se situant à cet égard dans le mode d'ordonnance à la loi : pour les animaux, dont les actions sont toutes « naturelles » (mécaniques), les actions sont nécessairement ordonnées à la loi naturelle, alors que chez l'homme les actions, procédant d'un choix libre, n'obéiront pas à cette loi par nécessité naturelle, mais par *obligation morale* : c'est au niveau de la définition d'une telle obligation dans ce qu'elle peut avoir de plus général (donc de plus directement déductible de la nature humaine) que s'ouvre le passage ici commenté. Ainsi faut-il percevoir que, sous-jacente à l'interrogation sur l'« obligation universelle », se trouve la conviction selon laquelle, chez l'homme comme chez l'animal, le but des actions est la réalisation par l'individu de la perfection de son être : perspective justement appréhendée par certains commentateurs comme celle d'un « eudémonisme individualiste» (M. Thomann, «Chr. Wolff et le droit subjectif», *Archives de Philosophie du droit*, 1964) où, au plan de l'humanité, la considération des rapports intersubjectifs n'intervient que négativement, dans la seule mesure où l'«autre» peut priver l'individu des moyens d'atteindre à la perfection de son égoïté. Cet individualisme (qu'exprime bien la formule de la *Morale allemande*, § 19: «Fais ce qui favorise ta perfection et évite ce qui lui nuit») peut apparaître lui aussi limiter profondément la portée de la présente déduction et retentir gravement sur la notion du droit qui s'y élabore. Au moins depuis le Marx de *La Question juive*, il y a là, en tout cas, un deuxième motif de mettre en question la pertinence d'une telle notion à une époque où l'on est revenu de la «vieille illusion qu'on peut faire fond sur l'individu et partir de l'individu, de ses exigences et de ses droits pour remonter à la société», et où l'on sait l'importance d'une «prise en compte de son inscription collective» (M. Gauchet, «Les droits de l'homme ne sont pas une politique», *Le Débat*, juillet-août 1980, p. 15). Prisonnière de son individualisme, la problématisation du droit dans les termes du droit naturel moderne, en ce sens, devrait apparaître comme d'une déconcertante naïveté à une époque où nul ne saurait plus songer à définir les droits de l'individu en oubliant son être social.

3. Quoi qu'il en soit, de la loi naturelle commune aux vivants, se déduit chez Wolff l'obligation morale devant laquelle l'homme se trouve placé de faire ce qui accomplit son essence, alors même que d'autres choix lui sont offerts : sans y être naturellement lié, comme l'est l'animal, l'homme est moralement obligé d'omettre certaines actions et d'en commettre d'autres, de «*faire ce qui est moralement possible et de ne pas faire ce qui est moralement impossible*». Obligation qui lui impose d'adopter un principe de choix pour discerner, parmi les possibles, ceux qui doivent être retenus. Dans son explicitation complète, ce principe s'énonce ainsi : est moralement impossible ce qui contient une contradiction avec la nature de l'homme comme «agent rationnel», est moralement possible ce qui ne contient pas une telle contradiction, est enfin moralement nécessaire ce dont l'opposé est impossible et à quoi l'agent rationnel est donc obligé par la loi naturelle (*Principes*, I, p. 3, et *Institutiones juris naturae*, § 37). Or, le droit naturel se déduit lui aussi de la loi naturelle, et ce parallèlement à cette déduction de l'obligation morale et *indissolublement de celle-ci*, – ce que l'essentiel de notre texte est destiné à montrer : non seulement, en effet, la loi naturelle est préceptive (elle oblige à commettre les actions moralement possibles et nécessaires) et prohibitive (elle oblige à se détourner

des actions moralement impossibles), mais elle est en outre permissive : elle donne le droit de faire ce sans quoi il serait impossible de satisfaire à l'obligation morale, car « si la loi de la nature nous oblige à une fin, elle donne aussi le droit aux moyens » (*Institutiones*, § 46). Le droit naturel se trouve par conséquent déduit comme condition de possibilité de l'obéissance à l'obligation morale : « L'obligation précède donc le droit : avant que de concevoir aucun droit, il faut toujours supposer quelque obligation, sans l'existence de laquelle il n'y aurait point de droit ». Par exemple, l'homme aura un droit naturel à se nourrir, parce qu'il lui est moralement nécessaire de se conserver en vie : « Le droit de prendre des aliments, et le domaine de toutes choses qui se rapportent à cet usage, prend sa source dans l'obligation de conserver son corps ». Je n'insiste pas davantage sur la manière dont, ainsi, « l'obligation précède donc le droit », ni sur la corrélation étroite qui s'établit dès lors entre le contenu de l'obligation morale et celui du droit naturel : il s'agit là d'une dimension bien connue des théories modernes du droit naturel, et en même temps d'un des points sur lesquels elles ont été le plus souvent attaquées. Ainsi est-il significatif que Kelsen et un adversaire aussi résolu du positivisme juridique que M. Villey se soient retrouvés pour dénoncer dans la tradition du droit naturel moderne une grave confusion du droit et de la morale qui, en risquant de faire perdre au droit sa spécificité, tendrait à conférer à l'obligation juridique un dangereux caractère d'impératif absolu qu'elle n'a pas et ne saurait fort heureusement avoir. En ce sens, paradoxalement, la problématisation du droit en termes de droit naturel, dont tout indique qu'elle avait été le plus souvent animée par une volonté d'autonomiser le droit (ou du moins ses fondements) à l'égard du politique, n'y serait-elle parvenue qu'en menaçant d'une autre manière l'autonomie du droit.

4. C'est au prix de cette mise en relation étroite, peut-être trop étroite, entre droit naturel et morale que la déduction wolffienne peut donc se clore en déterminant plus précisément le contenu du droit naturel. D'une part, l'homme va posséder un « droit naturel commun aux hommes et aux animaux » : le droit aux moyens sans lesquels il ne pourrait accomplir en lui la commune nature ; d'autre part, il possèdera un « droit naturel qui est le propre de l'homme », correspondant aux moyens sans lesquels il ne saurait réaliser la perfection de sa nature proprement humaine. Ce droit naturel, dont le contenu détaillé (égalité naturelle, liberté naturelle, droit de sécurité, droit de la guerre, droit de propriété, etc.) sera déduit simplement, au-delà du passage retenu, par réflexion sur les conditions de possibilité de la moralité (soit, pour nous, à partir de la morale,

même si, en soi, il la fonde ou la rend possible), va être décrit en termes de pouvoirs : selon un concept du droit qui est constitutif de l'idée même d'un « droit subjectif », il correspondra à tout ce dont l'homme a le pouvoir ou la faculté, étant donné que sans ces droits il n'aurait pas non plus la faculté d'agir moralement. De tels droits seront par définition universels, – et les dernières lignes que nous avons à commenter le soulignent à travers la distinction des droits naturels et des droits acquis : les premiers reviennent en effet à « tout homme en tant qu'homme », – et ils sont donc proprement ces « droits de l'homme » dont Wolff a su thématiser la notion avec une claire précision : « Puisque l'obligation naturelle a sa raison suffisante dansl'essence et la nature même de l'homme et qu'elle est posée avec elle, attendu que la nature ou l'essence est même dans le genre humain tout entier, l'obligation à laquelle l'homme en tant qu'homme est tenu est la même chez tous les hommes – et par conséquent les droits qui reviennent à l'homme en tant qu'il est homme sont les mêmes pour tout homme. D'où il apparaît clairement que sont donnés des obligations universelles et des droits universels » (*Institutiones*, § 69). Avec cette dimension d'universalité inhérente à la notion de droit naturel, nous touchons sans doute à ce qui, de la tradition jusnaturaliste, est devenu le plus insupportable à toute une part de la pensée contemporaine : de fait, c'est aujourd'hui une banalité que d'évoquer l'historicisation de toutes les catégories et d'attirer l'attention sur la véritable « crise de l'universel » induite en partie par l'essor des sciences sociales, en partie par l'effondrement post-hégélien des grands systèmes philosophiques. Comme on peut difficilement l'ignorer, les héritiers de Nietzsche, convaincus comme lui qu'« il n'y a pas de faits, mais seulement des interprétations », ont été conduits bien souvent à un relativisme hyperbolique impliquant, conformément au thème wébérien de la « guerre des dieux », la pluralité irréductible des valeurs en conflit : dans ces conditions, si, comme on dit, tout est relatif, comment ne pas estimer que se référer, à la manière de Wolff, à un « droit universel », ce serait vouloir imposer la domination de valeurs qui, comme toutes les valeurs, sont particulières et renvoient à des intérêts particuliers, – bref : comment ne pas être séduit par les potentialités libertaires du relativisme et ne pas condamner pour son caractère dangereusement absolutiste toute problématisation du droit en termes jusnaturalistes, donc universalistes ?

A chacune de ses principales étapes, la déduction du droit naturel, telle qu'on en trouve chez Wolff une version d'une systématicité particulièrement élaborée, se heurte donc à des objections d'autant plus redoutables qu'elles proviennent d'horizons intellectuels très divers. Par exemple, la prétention à l'universel est dénoncée, pour des raisons déjà très diverses, dans les différents courants qui composent la pensée 68, mais aussi dans une pensée aussi délibérément traditionaliste que celle de M. Villey, comme on le voit à travers l'opposition qui s'y manifeste constamment entre les apories du droit naturel moderne comme «code universel» et le droit naturel aristotélico-thomiste comme «multiforme» (cf. *Questions de Saint Thomas sur le droit et la politique,* P.U.F, 1987, p. 149-150: «Les modernes mythologisent» en vouant un culte à «la déesse Raison» et à ses «impératifs de moralité universelle», alors que «les classiques s'en sont abstenus»). Condamnée pour son naturalisme, pour son individualisme, pour son moralisme ou encore pour son universalisme, la réponse du jusnaturalisme moderne à la question: «qu'est-ce que le droit?», semble ainsi se heurter à tant d'objections qu'on peut d'autant mieux comprendre la séduction exercée par le programme d'un «retour à Aristote». Si l'on accorde toutefois que la perspective d'un tel «retour» nous est apparue, ici même, grosse de difficultés, la tentative de conférer aujourd'hui au concept de droit une réelle «pensabilité» risque fort de s'enfermer dans une singulière impasse. A moins que – et tel est ce que je voudrais suggérer en incitant à lire Fichte et son *Fondement du droit naturel* – les objections adressées, à travers Wolff, au droit des Modernes ne soient pas entièrement valides, et que la notion moderne du droit se puisse remodeler, à l'intérieur même des présupposés constitutifs de la modernité, d'une manière telle qu'elle parvienne à échapper aux divers réquisitoires prononcés contre elle par les représentants de l'option antimoderniste.

C) Sur le texte de Fichte.

L'argumentation de Fichte, dont j'ai expliqué dans les notes 32 et 33 en quel sens très particulier (et totalement étranger à une démarche comme celle de Wolff) elle vise une «déduction du concept de droit», prend pour point de départ, dans son premier théorème, la caractéristique même de la subjectivité, à savoir cette position de soi-même qu'on appelle plus communément la conscience de soi, — étant entendu qu'être conscient de soi consiste bien à se poser comme tel ou tel. Toute la démarche ultérieure, dont on n'a retenu ici, au-delà de l'énoncé des théorèmes, que la dernière étape, correspond en fait à une vaste analyse régressive, recherchant les conditions qui rendent possible cette auto-position, bref: les conditions de la subjectivité. Loin par conséquent, comme le fait Wolff, de dériver de la nature de l'homme comme être raisonnable la légitimité, pour cet être, de sa prétention à posséder des droits (compris comme des pouvoirs d'agir), Fichte s'interroge sur ce dont dérive l'existence d'un être capable de se poser comme tel, donc capable d'être un sujet, et c'est parmi ces conditions qu'apparaîtra, au terme de la régression, la relation juridique: ainsi le droit ne sera-t-il pas ici un ensemble de «pouvoirs» que le sujet possède, comme par surcroît, en plus de sa subjectivité et en vertu de son être de sujet, mais le sujet ne pourra exister comme tel sans être produit dans son être de sujet par la relation juridique, bref : par le droit. Thèse impressionnante dont il nous faut mettre en évidence à la fois le raisonnement qui vient l'étayer et les implications qui s'en dégagent quant au concept de droit qu'elle invite à construire.

Le principe de la démonstration du premier théorème ayant été indiqué dans la note 25, je concentrerai d'emblée mon attention sur le théorème 2, qui prépare directement l'émergence de la relation juridique comme condition de la subjectivité. Le raisonnement est le suivant :

- En vertu du théorème 1, le sujet ne peut se penser comme tel sans s'attribuer une causalité par liberté.

- Mais il ne peut s'attribuer une quelconque causalité (ni surtout se la représenter) sans avoir posé un objet sur lequel cette causalité s'exerce : on le comprend sans peine 1) en songeant qu'il s'agit d'un sujet *fini*, dont la liberté est par conséquent, inévitablement, limitée par un objet extérieur à lui (voir la note 26), mais aussi 2) que, pour un tel être, la position de soi-même comme libre n'a de sens que par rapport à la position d'un objet dont la détermination qu'il va lui imposer, en le transformant selon ses fins, lui permet de mesurer sa liberté. Bref, je ne puis me penser

comme sujet qu'en posant un Non-Moi (un objet)
que je me représente et que ma volonté trans-
forme, – mieux : qu'en posant éternellement une
altérité que ma volonté s'efforce, à l'infini, de
supprimer comme telle. Mais la position de l'objet
va par définition entraver la liberté de l'être
raisonnable : puisque cette liberté ne peut dès lors
être pensée qu'à partir d'une telle entrave et à
partir de sa suppression, il est besoin de trouver,
entre ces deux conditions, une synthèse, autrement
dit un objet dont la position soit certes une limitation de la liberté, mais une limitation qui
n'empêche pourtant pas l'individu de s'attribuer
une causalité libre, – mieux, à nouveau : une
limitation qui, non seulement *permette* cette attri-
bution, mais la rende même *nécessaire*.

– On peut alors deviner quel va être l'objet
recherché, puisqu'il doit être tel qu'à l'occasion de
son appréhension (conscience d'objet), la liberté
du sujet soit posée certes comme limitée, mais
aussi comme requise, au sens où cette liberté cons-
tituerait pour le sujet sa destination. Dans la
mesure où, pour que ma libre causalité se perçoive
comme telle, un objet doit lui être opposé, ce que
nous recherchons sera nécessairement un objet du
sens externe, si l'on veut : un corps, au sens physique du terme ; mais parce que ce corps doit aussi
être tel que, le percevant dans l'intuition, je me
forge le concept de ma destination, il faut que sa

perception, qui me limite, soit aussi pour moi
« comme un appel à la liberté » (*Fondement du
droit naturel*, tr. citée, p. 48). A l'évidence, l'objet
que je m'oppose doit, pour qu'il en soit ainsi, être
posé comme étant lui aussi une libre causalité que
je pose comme identique à moi-même : en posant
cet objet, j'oppose à moi-même un autre moi-
même, une autre liberté, et, me l'opposant, je me
forge ainsi le concept de ma propre liberté
(puisque je le pose comme identique à moi). Ajou-
tons que, puisque je reçois ce concept de l'extérieur et comme le signe d'une altérité, je ne peux
en même temps concevoir ma liberté que comme
« quelque chose qui doit être dans l'avenir », donc
bel et bien comme une destination (poser ma
liberté comme un donné serait en effet contradictoire avec cette expérience d'une extériorité).

Puisqu'en m'opposant cet objet, je pose à la
fois ma liberté et (à travers la perception qu'elle
est à venir) sa limitation, je me pose en fait comme
un sujet fini, – ce par quoi le théorème 2 se trouve
donc démontré : l'être raisonnable fini ne se pose
comme tel qu'en reconnaissant d'autres êtres raisonnables finis en dehors de lui, donc à travers la
notion d'une « libre causalité réciproque » (*ibid.*,
p. 50), c'est-à-dire d'une relation intersubjective.

C'est la signification de cette relation intersubjective, d'ores et déjà établie comme condition
de l'émergence même du sujet, que creusent

encore le théorème 3 et sa démonstration. La fonction du passage que j'ai retenu (et qui reprend, sans qu'il me soit donc besoin de l'expliquer à nouveau, le raisonnement selon lequel la liberté que je m'attribue, dans la relation à autrui, est «toujours posée dans l'avenir») est à l'évidence d'expliciter la nature *juridique* de la relation qui vient d'être déduite en montrant que la libre action réciproque entre sujets n'est possible que dans un cadre marqué par l'irruption du droit (entendons bien: un cadre qui, certes et heureusement, ne saurait se réduire à l'espace juridique, mais qui ne peut être conçu sans que place y soit faite au droit). Pour qu'il y ait en effet libre action réciproque, il faut que chaque sujet reconnaisse à l'autre une sphère d'activité dans le monde sensible – sphère où chacun peut exercer et éprouver sa libre causalité en la transformant par son travail. Comme notre texte ne manque pas de l'indiquer, cette reconnaissance réciproque des sphères d'activités implique aussi, par définition, que chaque sujet limite son activité en s'interdisant toute initiative dont les effets empièteraient sur la sphère d'activité de l'autre: c'est donc en s'attribuant une sphère d'activité *limitée*, où il va lui être loisible de choisir librement ses actions parmi celles qui y sont physiquement possibles, que le sujet se pose comme individu libre; et, ce faisant, en vertu du théorème 2, il pose un autre individu hors de lui, en lui reconnaissant à lui aussi une telle sphère. En ce sens, se poser lui-même comme sujet en reconnaissant la subjectivité de l'autre, c'est, pour chaque sujet, poser deux sphères d'activité (la sienne et celle de l'autre) *et leur délimitation*. Or, cette opération conjointe suppose à l'évidence qu'il existe entre les divers sujets au moins une *loi commune* qui les oblige l'un envers l'autre et qui a pour contenu minimum la reconnaissance partagée de cette limite : c'est avec cette loi qu'émerge bien sûr le droit, comme délimitation ou répartition des différentes sphères d'activité (thématique de la répartition qui garde quelque chose, notons-le au passage, du concept classique, aristotélicien, du droit comme consistant à attribuer à chacun ce qui lui revient) ; et c'est ainsi le droit qui fonde la communauté, donc la libre action réciproque, donc (nous pouvons parcourir désormais en sens inverse les étapes de la régression) l'intersubjectivité, donc la subjectivité elle-même.

Aussi faut-il en convenir : le concept du droit se trouve par là déduit, en tant que ce qui rend possible la conscience comme telle, et avec lui se trouve déduite ce que Fichte peut alors nommer la proposition du droit : « Il me faut reconnaître dans tous les cas l'être libre hors de moi comme tel, c'est-à-dire limiter ma liberté par le concept de la possibilité de sa liberté » – limitation à

travers laquelle je me pose comme libre, «à côté
de lui et sans dommage quant à la possibilité de sa
liberté».

Parmi les divers corollaires que Fichte énonce
après avoir démontré le dernier théorème de la
Déduction du concept de droit, le premier
souligne essentiellement la portée philosophique
de l'opération : si le concept du droit est «condition de la conscience de soi», s'il correspond à
«une action nécessaire du Moi» (à savoir celle
par laquelle il limite sa liberté en reconnaissant la
possibilité de celle d'autrui), il n'est pas simplement un concept *possible* (non contradictoire) de
la conscience, mais c'est lui-même un concept
nécessaire, au sens où il ne saurait y avoir de sujet
dans la conscience duquel ce concept ne serait pas
présent. Est-il besoin de souligner qu'il en résulte
à l'évidence une étonnante promotion philosophique de l'interrogation sur le droit ? Si le
concept de droit est la condition nécessaire de la
conscience, il est clair en effet que, pour une
philosophie qui, comme c'est le cas du criticisme
dont Fichte se veut l'héritier, fait profession de
penser l'objectivité à partir de la subjectivité et
entend cerner les différentes classes d'objets à
partir des différents actes de la subjectivité, la
fondation même de la philosophie passe désormais
par la théorie du droit : en ce sens, le *Fondement
du droit naturel* constitue sans doute le lieu où la

réflexion sur le droit acquiert sa plus grande dignité philosophique – ou, si l'on préfère : le lieu d'une véritable émergence de la philosophie comme philosophie du droit.

Le deuxième corollaire insiste sur une conséquence plus interne à la philosophie du droit comme telle, à savoir la nécessité de distinguer rigoureusement le droit et la morale : puisque le concept du droit n'a pas été déduit à partir de la loi morale, mais seulement « à partir de la pure forme de la raison, à partir du Moi », il faut prolonger ce que Kant avait déjà amorcé en distinguant la législation interne, qui correspond à l'éthique et fonde la soumission à la loi sur le respect, la législation externe, qui correspond au droit et étaye l'obéissance sur la contrainte. Plus précisément, s'« il n'y a pas d'individu là où il n'y en a pas au moins deux » (lettre à Reinhold du 29 août 1795), si la subjectivité suppose l'intersubjectivité, on ne peut plus déduire le droit à partir de la conscience morale, mais c'est au contraire ce dont le droit est la condition de possibilité, à savoir l'intersubjectivité, qui doit apparaître à son tour comme condition de possibilité de la conscience de soi, donc aussi de la conscience de la loi morale comme expression de l'autonomie de la volonté. Bref, les situations respectives du droit et de la morale s'inversent : le droit n'est plus, comme chez Wolff, précédé logiquement par la moralité, mais, en tant qu'il en est la condition indispensable, c'est bien plutôt lui qui la précède en la rendant possible. J'ai montré ailleurs (*Le système du droit. Philosophie et droit dans la pensée de Fichte,* P.U.F., 1986, p. 227 sqq.) quelles autres considérations étaient intervenues dans la décision fichtéenne d'autonomiser le droit vis-à-vis de la morale, et je n'entends pas y revenir ici en détail : simplement s'agissait-il, pour le présent propos, d'enregistrer le profond réaménagement que subissait ainsi, je vais y revenir dans ma conclusion, le dispositif théorique hérité de la tradition jusnaturaliste.

Le dernier corollaire qui apparaît dans le passage retenu pour cette analyse ouvre – au-delà de ce qu'il implique dans une perspective proprement juridique (savoir qu'il n'y a pas de droits des animaux, ni de la nature) – sur une interrogation d'une grande profondeur que se chargera de déployer la section suivante du *Fondement du droit naturel* : si le point de vue du droit n'a en effet de validité que là où des êtres raisonnables (ou des libertés) se reconnaissent réciproquement, comment reconnaître de tels êtres parmi les phénomènes du monde sensible ? Question que posait déjà la lettre à Reinhold du 29 août 1795 : « Où passe la limite des êtres raisonnables ? (...) Quels sont, parmi ces phénomènes (du monde sensible), ceux auxquels je vais appliquer le

concept d'être raisonnable et ceux auxquels je ne
l'appliquerai pas ? » La réponse fichtéenne ne
saurait être examinée dans ce bref commentaire,
mais chacun perçoit sans peine que la question
formulée est loin d'être purement théorique,
puisqu'elle engage des problèmes aussi doulou-
reux que ceux du racisme et de l'esclavagisme –
l'un et l'autre n'ayant eu de cesse, pour se justifier,
de jouer sur la difficulté qu'il pourrait y avoir à
déterminer où commence l'humanité, où finit
l'animalité : indice que la déduction fichtéenne du
droit, en ouvrant, malgré son aridité, sur de telles
interrogations, est susceptible d'avoir, non seulement une portée philosophique dont on a essayé de
faire mesurer ici la profondeur, mais aussi une
portée juridique concrète rien moins que négligeable.

Bornant là cette suggestion, je voudrais, en
guise de conclusion, revenir brièvement sur la
question qui s'était dégagée de notre lecture du
texte de Wolff : que reste-t-il, chez Fichte, de ce
qui, dans le dispositif jusnaturaliste synthétisé par
Wolff, nous était apparu pouvoir susciter tant
d'objections au regard des exigences plus contemporaines de la réflexion ? A considérer cette
déduction fichtéenne du concept de droit, il me
semble en fait que 1) s'y opère d'ores et déjà une
mise en cause radicale de la façon dont la tradition
jusnaturaliste avait géré l'idée de droit naturel ; et

que cependant 2) Fichte, loin de congédier pour autant toute référence à cette dimension constitutive de l'idée de droit qu'exprimait à sa façon la notion d'un droit naturel, entreprend au contraire une nouvelle fondation de cette référence. Evoquant ce traitement critique, pratiqué par Fichte, de la problématique du droit naturel, je ne prétends certes pas qu'il suffise aujourd'hui de répéter, sans plus, ce traitement fichtéen et que par là tout, décidément, soit dit: j'entends seulement y voir, et éventuellement y montrer, l'indication que la critique de la métaphysique du droit naturel peut ne pas être nécessairement sans reste.

Pour rassembler ce qu'à cet égard nous a appris le commentaire, je dirai qu'à mon sens Le *Fondement du droit naturel* s'attaque directement, avec une grande vigueur, aux trois premiers moments à travers lesquels – l'exemple de la déduction wolffienne nous l'a rappelé – s'accomplissait la gestion jusnaturaliste de l'idée de droit naturel:

— Fichte pense un droit naturel tout en récusant l'idée d'une nature humaine. On sait que Kant, dans les *Réflexions sur l'éducation*, pose clairement qu'il ne saurait y avoir à proprement parler de «nature humaine», c'est-à-dire d'essence conceptuelle de l'homme, raison pour laquelle «l'homme ne peut devenir homme que par l'éducation»: parce qu'il est libre et donc capable en droit d'un progrès infini que ne saurait

prédéterminer l'assignation d'une « nature »,
l'homme existe avant d'être ce qu'il a à devenir et
ce que nous appelons sa nature est en fait, tout au
plus, sa destination. Il est difficile de dire si Fichte
a jamais lu ces textes de Kant, qui ne furent publiés
par Riehl qu'en 18O3, mais en tout cas l'étroite
parenté d'inspiration philosophique qui l'unit à
Kant le conduisit lui-même, dès 1796, vers une
telle conception « existentialiste » de l'homme :
« Chaque animal est ce qu'il est ; l'homme, seul,
originairement n'est absolument rien. Ce qu'il
doit être, il lui faut le devenir ; et, étant donné
qu'il doit être un être pour soi, il lui faut le
devenir par soi-même », – le seul « caractère propre de l'humanité » qui puisse être tenu pour
« donné » résidant donc dans la « capacité d'être
formé », c'est-à-dire au fond dans son éducabilité
ou (puisque c'est ce thème rousseauiste que Fichte,
comme Kant, reprend à son compte) sa « perfectibilité ». Le lien entre cette « dénaturalisation »
de l'homme et une « déduction de l'intersubjectivité » qui, en établissant que « l'homme ne
devient homme que parmi les hommes » (*Fondement du droit naturel*, p. 54), signifie aussi que
l'homme n'est rien par lui-même, est suffisamment étroit pour que je n'y insiste pas davantage, –
pas plus que sur la distance prise, sur ce point, par
rapport à la tradition jusnaturaliste : nulle
croyance (naïvement) humaniste, ici, en une « na-

ture de l'homme », – ce pourquoi nous n'avons pas assisté, chez Fichte, à une déduction du droit naturel à partir d'un concept de l'homme. Le retentissement sur le statut fichtéen du droit naturel en est très profond : si l'humanité n'est pas une nature prédéterminée, mais une destination à conquérir par l'activité libre, ce qui a été visé sous le terme de « droit naturel » (soit : le droit corres-pondant à cette humanité) ne saurait être assigné, même par une fiction ou par une expérience de la pensée, à un quelconque état de nature originel que serait venu recouvrir ou prolonger l'âge politique. De là, dès 1794, la célèbre critique de Rousseau et l'appel à situer « devant nous » cet « âge d'or » que les poètes avaient placé « derrière nous ». De là aussi qu'en 1796 la « déduction du droit originaire » pose qu'« il n'y a pas d'état des droits originaires et pas de droits originaires de l'homme », et qu'avec de tels droits on a seulement affaire à un « concept abstrait » dépourvu de « signification réelle » (*Fondement du droit naturel*, p. 126-127), – comprendre, non pas, bien sûr, que Fichte récuse ici le thème des « droits de l'homme », mais simplement qu'il entend souli-gner que ce droit naturel de l'homme comme tel, ne pouvant être assigné à un quelconque moment pré-politique de l'humanité (à un quelconque état de nature), n'est susceptible d'être considéré en lui-même que par abstraction des conditions poli-

tiques de sa réalisation, à partir desquelles seulement, comme horizon du politique, il prend
vraiment sa signification.

— Cette rupture avec le «naturalisme» de la
tradition jusnaturaliste en implique immédiatement une autre : Fichte pense le droit naturel hors
de toute configuration individualiste. En 1793,
dans les *Contributions destinées à rectifier l'opinion du public sur la Révolution française*, il
partait certes, très traditionnellement, de l'individu comme «être isolé, seul avec sa conscience»,
et tentait de construire l'horizon du social et du
droit à partir de cette individualité. On sait à
quelles apories s'était ainsi heurté ce qu'il est
désormais convenu d'appeler «l'échec des Contributions» (cf. A. Philonenko, *Théorie et praxis
chez Kant et Fichte en 1793*, Vrin, 1968). En
1796, Fichte a découvert, nous avons vu avec
quelle profondeur, le problème de l'intersubjectivité, et sa position de la question du droit s'en est
radicalement transformée : si on ne peut penser
l'individuel sans qu'il s'inscrive toujours déjà sur
fond d'intersubjectivité, «si le concept de l'individualité est un concept réciproque» (*Fondement du
droit naturel*, p. 62), et si «le concept de l'homme
n'est nullement concept d'un individu», mais
«celui d'un genre», il est difficile de soutenir
que, chez Fichte, la réflexion juridique moderne
est restée prisonnière d'un individualisme inca-

pable d'apercevoir en l'homme l'importance
constitutive de l'inscription collective. Là encore
le retentissement sur l'idée du droit naturel est
évident : loin de participer, comme c'était certes le
cas chez Wolff, de la volonté de construire l'ordre
social à partir de la «cellule élémentaire» consti-
tuée par le droit individuel attaché à la personne,
la conception fichtéenne y voit au contraire la
condition de possibilité de cette intersubjectivité
hors de laquelle il n'y aurait pas de conscience de
soi, ni de conscience d'objet, donc pas non plus de
subjectivité ou, si l'on préfère, de «personne».
Où l'on retrouve, mais pour une autre raison
renforçant la première, la nécessité de faire du
droit naturel, non un moment prépolitique du
droit, caractérisant l'homme considéré isolément,
mais bien l'horizon du politique comme lieu de
l'intersubjectivité : «Il n'y a donc, au sens où l'on
a pris souvent le terme, aucun droit naturel, c'est-
à-dire qu'il n'est pas de relation juridique possible
entre des hommes, si ce n'est dans une communauté et sous des lois positives», – autrement dit :
«L'Etat lui-même devient l'état de nature de
l'homme, et ses lois ne doivent être rien d'autre
que le droit naturel réalisé» (*ibid.*, p. 162-163).
Est-il besoin de souligner qu'en dépit de cette
rupture proclamée avec ce que la tradition avait
entendu par «droit naturel» et de cette transformation radicale du statut d'un droit naturel

devenant non plus l'origine, mais l'horizon du politique, ne s'opère pour autant ici nul glissement vers un quelconque positivisme juridique ? Fichte, en effet, n'écrit aucunement que les lois positives des Etats existants sont le droit naturel devenu effectif, mais simplement – il faut être attentif au *Sollen* qui conserve au thème du droit naturel une signification profonde – que les lois « doivent être » le droit naturel réalisé. On assiste donc bien là à une critique de la métaphysique jusnaturaliste, visant son individualisme, qui n'est pas pour autant une liquidation pré-positiviste de l'idée même de droit naturel. En ce sens, si l'on considère que l'une des faiblesses inhérentes aujourd'hui à la réactivation du thème des droits (naturels) de l'homme consiste à retomber trop souvent dans l'ornière et l'impasse d'une pensée de l'individu contre la société », du moins ne fera-t-on pas ce reproche à la version fichtéenne de l'humanisme juridique.

— On comprendra sans peine, dès lors, que cette rupture avec la tradition jusnaturaliste se soit parachevée, dans le *Fondement du droit naturel*, par le refus, que j'ai souligné plus haut, de confondre droit naturel et morale, ou même simplement de déduire le droit naturel de la loi morale. Prise de distance déjà enregistrée, sur laquelle je ne reviendrai donc pas, si ce n'est pour observer que la portée du renversement interve-

nant ainsi dans les relations entre droit et morale
est limpide quant au statut du droit naturel : celui-
ci ne peut plus trouver en effet son fondement
dans la conscience morale de l'individu et se doit
donc penser désormais exclusivement à partir de
la communauté politique, conçue comme cet
espace d'intersubjectivité dont les droits (naturels)
de l'homme énoncent simplement les conditions
ultimes de possibilité.

Refusant l'idée de nature humaine, rompant
avec l'individualisme juridico-politique, autono-
misant le droit par rapport à la morale, Fichte est
donc, j'espère en avoir convaincu, un singulier
héritier du jusnaturalisme moderne, et cette
dimension constitutive du concept de droit qu'était
la notion de droit naturel paraît bien se débar-
rasser, chez lui, de sa « gangue métaphysique ».
Car que reste-t-il au fond, ici, de cette instance du
droit naturel dont nous avions manifesté, sur
l'exemple de Wolff, à quel point elle était deve-
nue, depuis lors, difficilement compatible avec
diverses exigences de notre pensée ? De fait, à la
faveur des réaménagements signalés, Fichte, pour
l'essentiel, me semble satisfaire à de telles exigences, il est vrai à une notable exception près : du
dispositif jusnaturaliste, il conserve la conviction
que le droit naturel définit, dans l'espace juridique
et politique, un moment d'universalité fonctionnant à la fois comme critère de référence pour

juger de la « justice » des lois positives et comme
horizon (ou principe régulateur) du politique.
Est-ce là trop conserver ? On pourra certes y voir
le signe irrécusable d'un idéalisme ou d'un rationalisme juridiques bien naïfs à l'époque du
relativisme hyperbolique, – mais enfin, ce faisant,
Fichte a surtout voulu éviter de confier la question
du droit au « tribunal de l'histoire » et je vois mal
comment, après les profondes critiques de l'historicisme dont s'est acquittée la réflexion contemporaine, on pourrait lui en faire raisonnablement
grief. La prise en compte de l'histoire est une
chose, la volonté forcenée d'historiciser toutes les
catégories et, du fait qu'elles ont pu émerger
historiquement, d'en réduire la signification et la
portée aux conditions historiques de leur émergence en est une autre. On peut certes, prenant
acte de deux siècles d'apprentissage de l'histoire,
vouloir penser le transcendantal ou l'*a priori* (en
l'occurrence le transcendantal ou l'*a priori* juridique constitué par l'horizon du droit naturel)
comme étant lui-même historique, mais comment
échapper alors échapper aux dissolutions purement historicistes de tout critère de vérité et de
validité ?

Table des matières :

ACHEVÉ D'IMPRIMER
EN   MAI   1992
PAR L'IMPRIMERIE
DE LA MANUTENTION
A MAYENNE
N° 186-92